El «Martín Fierro»

Sección: Literatura

Otras obras de BORGES en ALIANZA EDITORIAL:

LB 309   *El Aleph*
LB 320   *Ficciones*
LB 338   *Historia de la eternidad*
LB 353   *Historia universal de la infamia*
LB 368   *Los mejores cuentos policiales*
LB 407   *El hacedor*
LB 499   *El informe de Brodie*
LB 604   *Otras inquisiciones*
LB 614   *Discusión*
LB 628   *Evaristo Carriego*
LB 662   *El libro de arena*
LB 738   *Literaturas germánicas medievales*
AT 48   *Obra poética*

Jorge Luis Borges:
(con la colaboración de Margarita Guerrero)
El «Martín Fierro»

El Libro de Bolsillo
Alianza Editorial
Madrid
Emecé Editores
Buenos Aires

© Emecé Editores, S. A., Buenos Aires, 1979
© Alianza Editorial, S. A., Madrid, 1983
   (con autorización de Emecé Editores, S. A.)
   Calle Milán, 38; ☎ 200 00 45
   I.S.B.N.: 84-206-1933-7
   Depósito legal: M. 39922-1982
   Compuesto en Fernández Ciudad, S. L.
   Impreso en Lavel
   Printed in Spain

Prólogo

Hace cuarenta o cincuenta años, los muchachos leían el *Martín Fierro* como ahora leen a Van Dine o a Emilio Salgari; a veces clandestina y siempre furtiva, esa lectura era un placer y no el cumplimiento de una obligación pedagógica. Ahora, el *Martín Fierro* es un libro clásico y ese calificativo se oye como sinónimo de tedio. Por su mero volumen, las ediciones eruditas contribuyen a la difusión de ese error; la indudable extensión del doctor Tiscornia ha sido atribuida al poeta comentado por él. Lo cierto es que el *Martín Fierro* abarca unas ochenta páginas y podemos empezarlo y concluirlo, sin exceso de velocidad, en un solo día. En cuanto a su vocabulario, ya veremos que es menos regional que el de Estanislao del Campo o el de Lussich.

No faltan ediciones cuidadas. Acaso la mejor sea la de Santiago M. Lugones * (Buenos Aires, 1926), cuyas notas lacónicas, obra de un hombre que conoce nuestra campaña, son utilísimas para la inteligencia del texto. Más conocida es la de Eleuterio Tiscornia, publicada en 1925; las palabras necesarias sobre este libro han sido dichas por Ezequiel Martínez Estrada (*Muerte y transfiguración de Martín Fierro*, II, 219).

Promover la lectura de *Martín Fierro* es el objeto principal de este breve trabajo. Pero nuestro libro es elemental; para proseguir el estudio del *Martín Fierro*, son indispensables *El payador* (1916), de Leopoldo Lugones, y *Muerte y transfiguración de Martín Fierro* (1948), de Ezequiel Martínez Estrada. El primero destaca los elementos elegíacos y épicos de la obra; el segundo, lo trágico de su mundo, y aun lo demoníaco.

Irreverentes y de muy amena lectura son los *Folletos lenguaraces* (Córdoba, 1939-1945), de Vicente Rossi. Una de las tesis de Rossi es que el *Martín Fierro* es más orillero que gaucho. De útil manejo es también el *Vocabulario y frases de «Martín Fierro»* (Buenos Aires, 1950), de Francisco I. Castro, si bien el autor, muchas veces, busca el sentido de las locuciones oscuras en el contexto del poema y no alega otras autoridades. Así, de la palabra *pango* dice que significa «bochinche, pelotera, desorden, enredo, confusión» y nos remite al canto XI, en el que se lee: «Mas metió el diablo la cola / y todo se volvió pango.»

* En «El Libro de Bolsillo» de Alianza Editorial.

En los lugares que permiten dos interpretaciones, el señor Castro suele optar por las dos. Aclara que un *consuelo* es «algún peso en el tirador y una china que lo amará».

Para el tipo genérico del paisano, puede consultarse *El gaucho* (Buenos Aires, 1945), de Emilio A. Coni; para el origen de su nombre, el capítulo «Treinta etimologías de *Gaucho*», del libro *El castellano en la Argentina* (La Plata, 1928), de Arturo Costa Álvarez.

La poesía gauchesca

La poesía gauchesca es uno de los acontecimientos más singulares que la historia de la literatura registra. No se trata, como su nombre puede sugerir, de una poesía hecha por gauchos; personas educadas, señores de Buenos Aires o de Montevideo, la compusieron. A pesar de este origen culto, la poesía gauchesca es, ya lo veremos, genuinamente popular, y este paradójico mérito no es el menor de los que descubriremos en ella.

Quienes han estudiado las causas de la poesía gaucha se han limitado, generalmente, a una: la vida pastoral que, hasta el siglo XX fue típica de la pampa y de las cuchillas. Esta causa, apta sin duda para la digresión pintoresca, es insuficiente; la vida pastoril ha sido típica en muchas regiones de América, desde Montana y Oregón hasta Chile, pero estos territorios, hasta ahora, se han abstenido enérgicamente de redactar *El gaucho Martín Fierro*. No bastan pues el duro pastor y el desierto.

Algunos historiadores de nuestra literatura —Ricardo Rojas es el ejemplo más evidente— quieren derivar la poesía gauchesca de la poesía de los payadores o improvisadores profesionales de la campaña. La circunstancia de que el metro octosílabo y las formas estróficas (sextina, décima, copla) de la poesía gauchesca coincidan con las de la poesía payadoresca parece justificar esta genealogía. Hay, sin embargo, una diferencia fundamental. Los payadores de la campaña no versificaron jamás en un lenguaje deliberadamente plebeyo y con imágenes derivadas de los trabajos rurales; el ejercicio del arte es, para el pueblo, un asunto serio y hasta solemne. La segunda parte del *Martín Fierro* nos ofrece, a este respecto, un no señalado testimonio. El poema entero está escrito en un lenguaje rústico, o que estudiosamente quiere ser rústico; en los últimos cantos, el autor nos presenta una payada en una pulpería y los dos payadores olvidan el pobre mundo pastoril que los rodea y abordan con inocencia o temeridad grandes temas abstractos: el tiempo, la eternidad, el canto de la noche, el canto del mar, el peso y la medida. Es como si el mayor de los poetas gauchescos hubiera querido mostrarnos la diferencia que separa su trabajo deliberado de las irresponsables improvisaciones de los payadores.

Cabe suponer que dos hechos fueron necesarios para la formación de la poesía gauchesca. Uno el estilo vital de los gauchos; otro, la existencia de

hombres de la ciudad que se compenetraron con
él y cuyo lenguaje habitual no era demasiado dis-
tinto. Si hubiera existido el dialecto gauchesco
que algunos filólogos (por lo general, españoles)
han estudiado o inventado, la poesía de Hernández sería un *pastiche* artificial y no la cosa autén-
tica que sabemos.

La poesía gauchesca, desde Bartolomé Hidalgo
hasta José Hernández, se funda en una convención que casi no lo es, a fuerza de ser espontánea.
Presupone un cantor gaucho, un cantor que, a
diferencia de los payadores genuinos, maneja deliberadamente el lenguaje oral de los gauchos y
aprovecha los rasgos diferenciales de este lenguaje, opuestos al urbano. Haber descubierto esta
convención es el mérito capital de Bartolomé Hidalgo, un mérito que vivirá más que las estrofas
redactadas por él y que hizo posible la obra ulte-
rior de Ascasubi, de Estanislao del Campo y de
Hernández.

Podemos agregar una circunstancia de orden
histórico: las guerras que unieron o desgarraron
estas regiones. En la guerra de la Independencia,
en la guerra con el Brasil y en las guerras civiles,
hombres de la ciudad convivieron con hombres
de la campaña, se identificaron con ellos y pudie-
ron concebir y ejecutar, sin falsificación, la admirable poesía gauchesca.

El iniciador fue el montevideano Bartolomé Hidalgo. La circunstancia de que en 1810 fue bar-
bero ha fomentado en los historiadores el pedan-
tesco placer que dan los sinónimos; Lugones, que

lo censura, estampa la voz «rapabarbas»; Rojas,
que lo pondera, no se resigna a prescindir de «ra-
pista». Lo hace, de una plumada, payador, para
ilustrar así su doctrina de que la poesía gauchesca
procede de la poesía popular. Admite, sin embargo, que las primeras composiciones de Hidalgo
fueron sonetos y odas endecasílabas; inútil recordar que estos géneros son inaccesibles al pueblo,
para el cual no hay otro metro perceptible que el
octosílabo, y todo lo demás es prosa. Investiga-
ciones hechas en Montevideo (véase la revista *Número* 3, 12) han establecido que Hidalgo se ini-
ció escribiendo *melólogos,* extraña palabra que
significa «una acción escénica, por lo general para
un solo personaje, con un comentario sinfónico
que ya teje el fondo sonoro a la voz del actor, ya
se alterna con la palabra para subrayar su expre-
sividad o anticipar el sentimiento que va a decla-
marse de inmediato». El melólogo se llamó asimismo *unipersonal.* Comprendemos ahora que la razón final de este género, elaborado en España y sin
duda trivial o abrumador, fue sugerir a Hidalgo la
poesía gauchesca. Es sabido que sus primeras composiciones fueron los *Diálogos patrióticos,* en los
que dos gauchos —el capataz Jacinto Chano y Ramón Contreras— recuerdan sucesos de la patria.
En ellos Bartolomé Hidalgo descubre la entonación del gaucho. En mi corta experiencia de na-
rrador he comprobado que saber cómo habla un
personaje es saber quién es, que descubrir una
entonación, una voz, una sintaxis peculiar, es haber descubierto un destino.

No repetiré líneas de Hidalgo; inevitablemente cometeríamos el anacronismo de condenarlas, usando como canon las de sus continuadores famosos. Básteme recordar que en las estrofas ajenas que citaré, estará en algún modo la voz de Hidalgo, inmortal, secreta y modesta.

Hidalgo fue soldado y se batió en las guerras que cantaron sus gauchos. En épocas de pobreza vendía personalmente por las calles sus *Diálogos patrióticos,* impresos en hojas de colores. Hacia 1823, falleció oscuramente de una enfermedad pulmonar, en el pueblo de Morón. Su vida y su obra han sido estudiadas por Martiniano Leguizamón y por Mario Falcao Espalter (*El poeta oriental Bartolomé Hidalgo,* Montevideo, 1918).

Bartolomé Hidalgo pertenece a la historia de la literatura; Ascasubi, a la literatura y aun a la poesía. En *El payador,* Lugones sacrifica a los dos a la mayor gloria del *Martín Fierro.* Este sacrificio deriva de la costumbre de reducir a todos los poetas gauchescos a meros precursores de Hernández. Esta tradición comporta un error. Ascasubi no prefigura el *Martín Fierro,* ya que su obra es radicalmente distinta y busca otros fines. El *Martín Fierro* es triste; los versos de Ascasubi son felices y valerosos y tienen un carácter visual, del todo ajeno a la manera de Hernández. Lugones ha negado a Ascasubi toda virtud y ello resulta paradójico, porque Lugones, poeta visual y decorativo, tiene afinidad con Ascasubi. Coraje florido, gusto de los colores límpidos y de los objetos precisos, definen a éste. Así en el principio del *Santos Vega:*

> El cual iba pelo a pelo
> en un potrillo bragao,
> flete lindo como un dao
> que apenas pisaba el suelo
> de livianito y delgao.

Es iluminativo, también, comparar la incolora noticia de los malones que hay en el *Martín Fierro* con la inmediata y escénica presentación de Ascasubi. Hernández destaca el horror de Fierro ante la invasión y la depredación; Ascasubi *(Santos Vega,* 13) nos pone ante los ojos las leguas de indios que se vienen encima:

> Pero, al invadir, la indiada
> se siente, porque a la fija
> del campo la sabandija
> juye delante asustada
> y envueltos en la manguiada
> vienen perros cimarrones,
> zorros, avestruces, liones,
> gamas, liebres y venaos
> y cruzan atribulaos
> por entre las poblaciones.

> Entonces los ovejeros
> coliando bravos torean
> y también revolotean
> gritando los teruteros;
> pero, eso sí, los primeros
> que anuncian la novedá
> con toda seguridá
> cuando los pampas avanzan

> son los chajases que lanzan
> volando: ¡chajá! ¡chajá!
>
> Y atrás de esas madrigueras
> que los salvajes espantan,
> campo ajuera se levantan
> como nubes, polvaderas
> preñadas todas enteras
> de pampas desmelenaos
> que al trote largo apuraos,
> sobre los potros tendidos,
> cargan pegando alaridos
> y en media luna formaos.

Ascasubi militó en las guerras civiles, en la guerra del Brasil, en la Guerra Grande del Uruguay, y vio, en el curso de su vida errabunda, miles de cosas; es curioso que la más vívida de sus páginas describa, para siempre, algo que no vio nunca: las invasiones de los indios en la frontera de la provincia de Buenos Aires. No en vano el arte es, ante todo, una forma de ensueño.

Ascasubi, en el París de 1870, compuso la casi interminable novela métrica *Santos Vega;* fuera de algunas páginas famosas, este trabajo singularmente lánguido ha perjudicado la fama póstuma de su autor. Lo mejor de Ascasubi se halla disperso en *Aniceto el Gallo* y en *Paulino Lucero.* Una antología de Ascasubi, sacada de todas sus obras, sería más útil a su gloria que las mecánicas reimpresiones del *Santos Vega* en que parecen complacerse las editoriales.

Antes de dejar a Ascasubi, recordemos dos vistosas décimas suyas, la primera dedicada al coronel Marcelino Sosa, que guerreó contra los federales o blancos:

> Mi coronel Marcelino
> valeroso guerrillero,
> oriental pecho de acero
> y corazón diamantino;
> todo invasor asesino,
> todo traidor detestable
> y el rosín más indomable
> rinden su vida ominosa,
> donde se presenta Sosa
> ¡y a los filos de su sable!

Y ésta, en que revive un baile de la campaña:

> Sacó luego a su aparcera
> la Juana Rosa a bailar
> y entraron a menudiar
> media caña y caña entera.
> ¡Ah, china!, si la cadera
> del cuerpo se le cortaba,
> pues tanto lo mezquinaba
> en cada dengue que hacía,
> que medio se le perdía
> cuando Lucero le entraba.

Más que gauchesco, el tono de Ascasubi es, a veces, de orillero criollo, de orillero de la campaña. Este rasgo (que prefigura ciertas crudezas del *Martín Fierro)* lo diferencia de su inspirador Bartolomé Hidalgo, cuyo ámbito, a pesar de algunas chocarrerías, es de paisanos decentes.

Ascasubi nació en la provincia de Córdoba en 1807 y murió en Buenos Aires en 1875. Ricardo Rojas ha destacado con razón la valentía del hombre que, en la plaza sitiada de Montevideo, multiplicó las impetuosas payadas contra Rosas y Oribe; recordemos que en esa ciudad, otro publicista unitario, Florencio Varela, fundador y redactor de *El Comercio del Plata,* fue asesinado por los mazorqueros.

Alguna vez, Hilario Ascasubi, como para indicar su filiación respecto a la poesía de Hidalgo, firmó *Jacinto Chano;* Estanislao del Campo, amigo y continuador de Ascasubi, firmó *Anastasio el Pollo,* notoria variación de *Aniceto el Gallo.* Su obra más famosa es el *Fausto,* poema que, al igual que los primitivos, podría prescindir de la imprenta, porque sigue viviendo en muchas memorias, singularmente de mujeres; el hecho basta para sugerir que la índole gauchesca del *Fausto* es menos esencial que formal. En efecto, de todas las composiciones que estudiaremos ninguna ostenta un vocabulario más deliberadamente rural y ninguna, acaso, esté más lejos de la mentalidad del paisano. Algunos detractores —Rafael Hernández, hermano de José, fue tal vez el primero— han acusado a Estanislao del Campo de no conocer al gaucho. Hasta el pelo del caballo del héroe ha sido examinado y reprobado. Tales censuras importan un anacronismo. En mil ochocientos sesenta y tantos, en Buenos Aires, lo difícil no era conocer al gaucho, sino ignorarlo. La

campaña se confundía con la ciudad y su plebe era
criolla. Además, el coronel Estanislao del Campo
se batió en el sitio de Buenos Aires, en Pavón,
en Cepeda y en la revolución del 74; la tropa co-
mandada por él, y particularmente la caballería,
era gaucha. Los errores que se han advertido en
el *Fausto* son distracciones, debidas precisamente
al desahogo de quien está tratando una materia
que conoce muy bien y no se demora en la veri-
ficación de detalles. Acaso Estanislao del Campo
no fuera muy diestro en trabajos rurales, pero no
pudo ignorar, lo repetimos, la nada compleja psicología del gaucho.

También se ha dicho que el argumento del
Fausto es convencional, ya que un gaucho no podría seguir los episodios de una ópera y no tole-
raría su música. Ello es verdad, pero podemos suponer que forma parte de la broma general de
la obra. Más importante que algunas metáforas
que desentonan y que el pelo del impugnado *ove-
ro rosao,* al cual no se le permite ser parejero, es
la cordialidad del poema. Su virtud central está
en la amistad que el diálogo de los aparceros tras-
luce. Estanislao del Campo ha dejado asimismo
otras composiciones criollas; la más conocida,
Gobierno gaucho, propone reformas análogas a
las preconizadas en el *Martín Fierro.* De una carta a Hilario Ascasubi, que en 1862 se embarcó
para Europa, son las siguientes décimas:

> Hasta al Espíritu Santo
> le rogaré por ustedes,
> y a la Virgen de Mercedes

> que los cubra con su manto,
> y Dios permita que en tanto
> vayan por la agua embarcaos,
> no haiga en el cielo ñublaos,
> ni corcovos en las olas,
> ni el barco azoten las colas
> de los morrudos pescaos.
>
> Aquí este triste cantor
> sus versos fieros remata
> y en el cañuto los ata
> de su barco de vapor.
> No extrañe que ni una flor
> vaya en mi pobre *concierto:*
> no da rosas el desierto,
> ni da claveles el cardo,
> ni dio nunca un triste nardo
> campo de yuyos cubierto.

De Estanislao del Campo nos consta que era valiente; en las campañas contra Urquiza vestía el uniforme de gala paar entrar en batalla, y saludaba, puesta la diestra en el kepí, las primeras balas. La simpatía de su trato personal perdura en su obra escrita.

Los poetas cuya obra acabamos de considerar han sido llamados precursores de Hernández. En verdad, ninguno lo fue, salvo en el común propósito de hacer hablar a gauchos, con entonación o léxico campesino. El poeta que ahora estudiaremos y cuya obra es casi desconocida en esta margen del Plata, fue, muy precisamente, precursor de Hernández, y cabría decir que no fue otra cosa. Escribe Lugones, en la página 189 de *El payador:*

«Don Antonio Lussich, que acababa de escribir un libro felicitado por Hernández *Los tres gauchos* orientales, poniendo en escena tipos gauchos de la revolución uruguaya llamada *campaña de Aparicio,* diole, a lo que parece, el oportuno estímulo. De haberle enviado esa obra, resultó que Hernández tuviera la feliz ocurrencia. La obra del señor Lussich apareció editada en Buenos Aires por la imprenta *La Tribuna* el 14 de junio de 1872. La carta con que Hernández felicitó a Lussich, agradeciéndole el envío del libro, es del 20 del mismo mes y año. *Martín Fierro* apareció en diciembre. Gallardos y generalmente apropiados al lenguaje y peculiaridades del campesino, los versos del señor Lussich formaban cuartetas, redondillas, décimas y también aquellas sextinas de payador que Hernández debía adoptar como las más típicas.»

El libro de Lussich, al principio, es menos una profecía del *Martín Fierro* que una repetición, bastante desmañada por cierto, de los coloquios de Ramón Contreras y Chano. Tres veteranos cuentan las *patriadas* que hicieron. Sus narraciones, sin embargo, no se limitan a la noticia histórica y abundan en confidencias autobiográficas y en quejas patéticas o indignadas que anticipan, casi verbalmente, el *Martín Fierro.* Su tono no es el de Ascasubi o el de Hidalgo; es, ya, el de Hernández. Éste, en *El gaucho Martín Fierro,* dirá:

Yo llevé un moro de número
¡sobresaliente el matucho!,
con él gané en Ayacucho
más plata que agua bendita.
Siempre el gaucho necesita
un pingo pa fiarle un pucho.

Y cargué sin dar más güeltas
con las prendas que tenía;
jergas, poncho, cuanto había
en casa, tuito lo alcé.
A mi china la dejé
media desnuda ese día.

No me faltaba una guasca;
esa ocasión eché el resto:
bozal, maniador, cabresto,
lazo, bolas y manea.
¡El que hoy tan pobre me vea
tal vez no creerá todo esto!

Antes había escrito Lussich:

Me alcé con tuito el apero,
freno rico y de coscoja,
riendas nuevitas en hoja
y trensadas con esmero;
una carona de cuero
de vaca, muy bien curtida;
hasta una manta fornida
me truje de entre las carchas,
y aunque el chapiao no es pa marchas
lo chanté al pingo en seguida.

Hice sudar al bolsillo
porque nunca fui tacaño;
traiba un gran poncho de paño
que me alcanzaba al tobillo
y un machazo cojinillo
pa descansar mi osamenta;
quise pasar la tormenta
guarecido de hambre y frío
sin dejar del pilcherío
ni una argolla ferrugienta.

Mis espuelas macumbé,
mi rebenque con virolas,
rico facón, güenas bolas,
manea y bosal saqué.
Dentro el tirador dejé
diez pesos en plata blanca
pa allegarse a cualquier banca
pues al naipe tengo apego,
y a más presumo en el juego
no tener la mano manca.

Copas, fiador y pretal,
estribos y cabezadas
con nuestras armas bordadas,
de la gran Banda Oriental.
No he güelto a ver otro igual
recao tan cumpa y paquete.
¡Ahijuna! encima del flete
como un sol aquello era.
¡Ni recordarlo quisiera!
Pa qué, si es al santo cuete.

Monté un pingo barbiador
como una luz de ligero.
¡Pucha, si pa un entrevero
era cosa superior!
Su cuerpo daba calor
y el herraje que llevaba
como la luna brillaba
al salir tras de una loma.
Yo con orgullo y no es broma
en su lomo me sentaba.

Dirá Hernández:

Ansí es que al venir la noche
iba a buscar mi guarida,
pues ande el tigre se anida
también el hombre lo pasa,
y no quería que en las casas
me rodiara la partida.

Había dicho Lussich:

Y ha de sobrar monte o sierra
que me abrigue en su guarida,
que ande la fiera se anida
también el hombre se encierra.

Lussich prefigura a Hernández, pero si Hernández no hubiera escrito el *Martín Fierro,* inspirado por él, la obra de Lussich sería del todo insignificante y apenas mercería una pasajera mención en las historias de la literatura uruguaya. Anotemos, antes de pasar al tema capital de nuestro libro, esta paradoja, que parece jugar mágicamente con el tiempo: Lussich crea a Hernández, siquiera de un modo parcial, y es creado por él. Menos asombrosamente, podría decirse que los diálogos de Lussich son un borrador ocasional, pero indiscutible, de la obra definitiva de Hernández.

José Hernández

Lugones reclamó para el *Martín Fierro* el nombre de epopeya; esta grandiosa atribución lo obligaba a exaltar a Hernández o a imaginarlo el instrumento de una inspiración superior. Optó (era lo más razonable) por lo último, y confrontó la excelencia del poema con la medianía del poeta. En el séptimo capítulo de *El payador,* escribió: «Hernández ignoró siempre su importancia y no tuvo genio sino en aquella ocasión... El poema compone toda su vida, y fuera de él, no queda sino el hombre enteramente común, con las ideas medianas de la época.» Ya veremos que este juicio denigrativo adolece de alguna exageración.

Para la biografía de José Hernández, la fuente principal sigue siendo el artículo que Rafael Hernández, su hermano, incluyó en la obra *Pehuajó. — Nomenclatura de las calles.* La historia de este

libro es curiosa. En 1896, la municipalidad de
Pehuajó dispuso que se diera a las calles y plazas
de la ciudad nombres de poetas argentinos; Rafael
Hernández, que presidía el Concejo Deliberante,
publicó en un volumen las biografías de los con-
memorados; una de ellas es la de José Hernández.

Éste nació el 10 de noviembre de 1834 en la
chacra de los Pueyrredón, en el actual partido de
San Martín, a varias leguas al noroeste de Buenos Aires. La familia, por el lado paterno, era federal; por el lado materno (los Pueyrredón), uni-
taria. Sangre española, irlandesa y francesa corría
por sus venas.

Hasta cumplir seis años, vivió Hernández en el
partido de San Martín. De los seis a los nueve,
en una quinta de Barracas. Dieciocho años tenía
cuando su padre, mayordomo de estancias, lo llevó
consigo al sur de la provincia de Buenos Aires,
región entonces primitiva. Ahí, nos refiere su hermano, «se hizo gaucho, aprendió a jinetear, tomó
parte en varios entreveros rechazando malones de
los indios pampas, asistió a las volteadas y pre-
senció aquellos grandes trabajos que su padre
ejecutaba, y de que hoy no se tiene idea». José
Hernández, hacia 1882, recordaría con nostalgia
esos tiempos: «Ustedes, como yo, habrán visto,
si han cruzado alguna vez los campos del Sud, in-
mensas yeguadas alzadas en las que no había una
sola manada entablada, que hace pocos años han
desaparecido completamente. Durante la época de
Rosas había en algunos campos tantas yeguadas
ariscas, que para cruzar por ellas con tropilla era
necesario llevar un hombre delante, para impedir

que se la arrebataran las tropas de yeguas que cru-
zaban disparando al sentir gente. Eran animales
enteramente salvajes, de seis, ocho, diez años o
más, que no habían sentido nunca el dominio del
hombre. Ahí se hacían los domadores ginetes, los
fuertes boleadores, los pialadores famosos, y
los hábiles corredores en el campo.» (*Instrucción
del estanciero,* p. 269).

Nueve años vivió Hernández en la campaña;
en 1853, combatió en Rincón de San Gregorio.
En 1856 está en Buenos Aires ejerciendo el periodismo. Después, es múltiple su vida. Ingresó en
el ejército, trabajó como empleado de comercio,
peleó en Cepeda contra su provincia natal, actuó
en la contaduría de Paraná, fue taquígrafo de los
cuerpos legislativos de la Confederación y combatió, otra vez al lado de Urquiza, en Pavón y en
Cañada de Gómez.

En 1863 predijo en un periódico el asesinato
de Urquiza («Allí, en San José, en medio de los
halagos de su familia, su sangre ha de enrojecer
los salones»); siete años después, esta predicción
se cumplió, y Hernández militó, con los jordanis-
tas, en la azarosa campaña a la que dio fin la de-
rrota de Ñaembé. Huyó, dicen que a pie, a la
frontera del Brasil. Unas palabras reticentes, es-
tampadas en el prólogo del *Martín Fierro,* dicen
que la composición de esta obra lo ayudó a alejar
el fastidio de la vida del hotel; Lugones entiende
que esta referencia es a un hotel de la Plaza de
Mayo, en el que Hernández improvisaría el poema, «entre sus bártulos de conspirador»; otros
han interpretado que alude a Sant' Anna do Li-

vramento, donde los gauchos orientales y riograndenses le traerían el recuerdo de los gauchos de Buenos Aires. Algunas locuciones propias de la campaña del Uruguay parecen justificar esta conjetura.

Escribe Ricardo Rojas: «En la legislatura de Buenos Aires, debatió con hombres como Leandro Alem y Bernardo de Irigoyen. En la política y la prensa porteñas, alternó con Navarro Viola y Alsina... Sirvió a la federación de Buenos Aires y a la fundación de La Plata... Conferenció sobre política en el teatro Variedades, con una poderosa voz de órgano, que sus amigos elogiaban.» Carlos Olivera confirma: «Su elocuencia era como un ariete. Tenía, más o menos, el cuerpo de dos hombres; su voz era pura y potente; parecía un órgano de catedral. ¡Y cómo le salían las palabras!»

En 1880 habló en el entierro de su amigo y rival Estanislao del Campo, en el cementerio del Norte.

Vivió algún tiempo en Buenos Aires, en una casa de la plaza que ahora se llama Vicente López [1].

Sus últimos años transcurrieron en una quinta de Belgrano, que entonces no era un barrio de la capital sino un pueblo aparte. Su hermano ha conservado para nosotros la escena de su muerte: «Al fin, este coloso inclinó la robusta cabeza con

---

[1] En el zaguán hizo pintar, por algún pincel tremebundo, el sitio de Paysandú, en el que se batió su hermano Rafael.

la debilidad de un niño, el 21 de octubre de 1886, a menos de cincuenta y dos años de edad, minado de una afección cardíaca, quizá; en el pleno goce de sus facultades hasta cinco minutos antes de expirar, conociendo su estado y diciéndome: *Hermano, esto está concluido.* Sus últimas palabras fueron: *Buenos Aires, Buenos Aires...* y cesó.»

Ya hemos señalado que el *Martín Fierro* no agota la producción de Hernández. En Buenos Aires fundó el periódico *El Río de la Plata,* en el que formulaba así su programa político: «Autonomía de las localidades; municipalidades electivas; abolición del contingente de fronteras; elegibilidad de los jueces de paz, de los comandantes militares y de los consejos escolares.» En 1863 publicó en el diario *El Argentino* de Paraná el folletín *Vida del Chacho,* obra destinada a vindicar la memoria del caudillo riojano Ángel Vicente Peñaloza y a atacar a Sarmiento. En 1880, Dardo Rocha, gobernador entonces de Buenos Aires, quiso enviar a Hernández a Australia para estudiar sistemas agropecuarios; Hernández rehusó este ofrecimiento y justificó con el libro *Instrucción del estanciero,* obra de *pioneer,* ya que en una de sus páginas leemos: «Hasta ahora, el único agrónomo que ha examinado los pastos, el único químico que los ha analizado, es el animal que come el yuyo; engorda o se muere; y a eso ha estado y está todavía limitado el estudio.»

Otro párrafo parece anunciar el *Don Segundo Sombra:* «Arreando hacienda es donde se prueba el conocimiento del hombre de campo; su firmeza para el trabajo; su empeño para el cumplimiento de sus deberes; su resistencia para el agua, el frío, el calor y, sobre todo, para el sueño... Allí se prueba el hombre. Es como el marinero en la tormenta.»

Fuera de su obra capital, las composiciones poéticas de Hernández son insignificantes. Merece perdurar, sin embargo, una descripción gaucha de la famosa tela *Los treinta y tres orientales,* del pintor uruguayo Blanes.

Cabe agregar, a título de curiosidad, que Hernández era espiritista.

Rafael Hernández, en el trabajo que hemos citado, pondera su admirable memoria: «Se le dictaban hasta 100 palabras, arbitrarias, que se escribían fuera de su vista, e inmediatamente las repetía al revés, al derecho, salteadas y hasta improvisando versos y discursos, sobre temas propuestos, haciéndolas entrar en el orden que habían sido dictadas. Éste era uno de sus entretenimientos favoritos en sociedad.»

De José Hernández se ha afirmado que era partidario de Rosas; Pagés Larraya, en el sexto capítulo de la obra *Prosas del Martín Fierro* (Buenos Aires, 1952), ha refutado esta calumnia y ha podido alegar una serie de testimonios, debidos a la pluma del mismo Hernández. Éste, en 1869, declaró que Rosas cayó «porque el reinado del despotismo no podía ser eterno» y cinco años después censuró a quienes vindicaban a Rosas, y escribió estas palabras: «Tales confusiones no sólo falsean descaradamente la verdad histórica, sino que arrastran a los pueblos americanos a perennes fluctuaciones entre la verdad y el crimen, y los

llevan hasta la admiración y la apoteosis de sus
mismos verdugos.» Hacia 1884 volvió sobre el
tema en un discurso memorable: «Veinte años do-
minó Rosas esta tierra; veinte años sus amigos le
pedían que diera a la República una constitución;
veinte años negó Rosas la oportunidad de constituir la República; veinte años tiranizó, despotizó
y ensangrentó al país...»

El servilismo y la crueldad del régimen de Rosas estaban demasiado cerca para que el autor del
Martín Fierro pudiese defenderlo; Hernández era
federal, pero no rosista.

Hernández pensó que la inmigración extranje-
ra destruiría en estas provincias el ejercicio de la
ganadería, tal como la practicaban los criollos.
En 1874 escribió en una carta a los editores de
la octava edición del *Martín Fierro:* «En nuestra
época un país cuya riqueza tenga por base la ganadería, como la provincia de Buenos Aires y las
demás del litoral argentino y oriental, puede no
obstante ser tan respetable y tan civilizado, como
el que es rico por la agricultura, o el que lo es por
sus abundantes minas o por la perfección de sus
fábricas... La ganadería puede constituir la principal y más abundante fuente de riqueza de una
nación, y esa sociedad, sin embargo, puede hallar-
se dotada de instituciones como las más adelanta-
das del mundo... y puede poseer Universidades,
Colegios, un periodismo abundante e ilustrado;
una legislación propia, círculos literarios y científicos.»

Tales afirmaciones son discutibles, pero dejan
adivinar la convicción criolla de que la tarea pas-

toril produce hombres valientes y generosos, y la
agricultura o la industria, hombres apocados y
avaros.

Estas y otras ideas o pareceres de Hernández
respaldan, de algún modo, el poema. Pagés Larraya (obra citada, página 77) se funda en ello
para contradecir a Leopoldo Lugones, que juzgó
que «en ninguna obra es más perceptible el fenó-
meno de la creación inconsciente». Nosotros opi-
namos que Lugones tiene razón. El *Martín Fierro*
puede haber sido para Hernández y para los lectores de su tiempo una obra de tesis, y es verosí-
mil y aun probable que no habría existido sin el
estímulo de ciertas convicciones. Éstas, sin embargo, no agotan el valor del poema, que, como
todas las obras destinadas a la inmortalidad, tiene
raíces hondas e inaccesibles a las intenciones
conscientes del hacedor. El *Quijote* se ejecutó
para reducir al absurdo las novelas de caballería,
pero es fama que excede infinitamente ese propósito paródico. Hernández escribió para denunciar
injusticias locales y temporales, pero en su obra
entraron el mal, el destino y la desventura, que
son eternos.

El gaucho *Martín Fierro*

Con la acción de Ayacucho, librada por los ejércitos de Sucre en 1824, se consumó la Independencia de América; medio siglo después, en campos de la provincia de Buenos Aires, la Conquista no había tocado aún su fin. Al mando de Catriel, de Pincén o de Namuncurá los indios invadían las estancias de los cristianos y robaban la hacienda; más allá de Junín y del Azul, una línea de fortines marcaba la precaria frontera y trataba de contener esas depredaciones. El ejército cumplía entonces una función penal; la tropa se componía, en gran parte, de malhechores o de gauchos arbitrariamente arreados por las partidas policiales. Esta conscripción ilegal, como la ha llamado Lugones, no tenía un término fijo; Hernández escribió el *Martín Fierro* para denunciar ese régimen. Se propuso evidenciar que esas levas

eran la ruina de la gente de la campaña. El protagonista, al principio, es impersonal; es un gaucho
cualquiera o, de algún modo, es todos los gauchos. Después, a medida que Hernández fue ima-
ginándolo con más precisión, éste llegó a ser Martín Fierro, el individuo Martín Fierro, que cono-
cemos íntimamente como acaso no nos conozca-
mos a nosotros mismos.

El poema se abre con esta estrofa:

> Aquí me pongo a cantar
> al compás de la vigüela;
> que el hombre que lo desvela
> una pena estrordinaria,
> como la ave solitaria
> con el cantar se consuela.

En la estrofa siguiente («Pido a los santos del
cielo que ayuden mi pensamiento»...), Lugones
ha destacado la invocación a los dioses propicios,
«que es una costumbre épica». Agreguemos que
tales invocaciones (que también figuran en la poesía de las naciones orientales y cuyo empleo ha
sido preconizado por Dante en una epístola famosa) no son herencia mecánica de la *Ilíada;* pro-
ceden de una convicción instintiva de que lo poético no es obra de la razón, sino el dictado de
poderes ocultos.

Toda obra de arte, por realista que sea, pos-
tula siempre una convención; en el *Fausto,* un
campesino que comprende y cuenta una ópera;
en el *Martín Fierro,* la ficción de una extensa payada autobiográfica, llena de quejas y de bravatas

del todo ajenas a la mesura tradicional de los payadores. Ya que hemos hablado del *Fausto,* cabe
destacar asimismo la diferencia fundamental de
las estrofas iniciales de ambos poemas. Es sabido
que el *Fausto* comienza así:

> En un overo rosao,
> flete nuevo y parejito,
> caia al bajo, al trotecito,
> y lindamente sentao,
> un paisano del Bragao,
> de apelativo Laguna,
> mozo jinetazo, ahijuna,
> como creo que no hay otro,
> capaz de llevar un potro
> a sofrenarlo en la luna.

Estanislao del Campo prodiga festivamente los
términos criollos y la estrofa puede resultar in-
comprensible a un lector español; Hernández, en
cambio, no ha buscado palabras diferenciales, y
el criollismo está en la entonación y en un par de
deformaciones plebeyas. Hernández no juega a
ser un gaucho para divertir o para divertirse; Hernández, en la primera estrofa, ya es naturalmente
un gaucho.

Las palabras *pena estrordinaria* sirven para justificar la larga relación que promete. Luego pondera su facilidad de cantor:

> Cantando me he de morir,
> cantando me han de enterrar.

Fierro ha sido arrastrado por una leva, y ahí empezaron sus desgracias; con emoción elegíaca rememora la antigua felicidad que alguna vez fue suya. Dice, resumiendo su suerte:

> Tuve en mi pago en un tiempo
> hijos, hacienda y mujer;
> pero empecé a padecer,
> me echaron a la frontera,
> ¡y qué iba a hallar al volver!
> Tan sólo hallé la tapera [1].

En otras estrofas declara:

> Yo he conocido esta tierra
> en que el paisano vivía
> y su ranchito tenía
> y sus hijos y mujer...

----

[1] Lussich, en *Los tres gauchos orientales,* había escrito:

> Yo tuve ovejas y hacienda;
> caballos, casa y manguera;
> mi dicha era verdadera.
> ¡Hoy se me ha cortao la rienda!
>
> Carchas, majada y querencia
> volaron con la patriada,
> ¡y hasta una vieja enramada
> que cayó... supe en mi ausencia!
>
> La guerra se lo comió
> y el rastro de lo que jue
> será lo que encontraré
> cuando al pago caiga yo.

Era una delicia el ver
cómo pasaba sus días...

Éste se ata las espuelas,
se sale el otro cantando,
uno busca un pellón blando,
éste un lazo, otro un rebenque,
y los pingos relinchando
los llaman dende el palenque.

El gaucho más infeliz
tenía tropilla de un pelo,
no le faltaba un consuelo,
y andaba la gente lista...
Tendiendo al campo la vista,
sólo vía hacienda y cielo.

Se ha dicho que José Hernández quiso contra-
poner la dichosa vida de las estancias en el tiempo de Rosas con el desmedro y la desolación de
su tiempo, y que esa contraposición es del todo
falsa, porque los gauchos nunca disfrutaron de
semejante edad de oro. Cabría responder que
siempre exageramos las felicidades que hemos
perdido, y que si el cuadro no es fiel a la realidad
de la historia, lo es indudablemente a la nostalgia
y a la desesperación del cantor. Comentadores
hay que en el verso *No le faltaba un consuelo*
han visto una alusión económica; nosotros enten-
demos que se trata de una alusión amorosa. Un
consuelo, aquí, es una mujer.

Hasta los elementos de la comida son recorda-
dos con cariñosa emoción.

Venía la carne con cuero,
la sabrosa carbonada,
mazamorra bien pisada,
los pasteles y el güen vino...
Pero ha querido el destino
que todo aquello acabara.

Y el destino, efectivamente, cambia de pronto:

Cantando estaba una vez
en una gran diversión,
y aprovechó la ocasión
como quiso el Juez de Paz:
se presentó, y áhi no más
hizo una arriada en montón.

Mandan a Fierro a uno de los fortines de la
frontera. Es sabido que la obra de Hernández ha
sido juzgada un poema épico; de las muchas par-
tes que la integran, ésta, que trata de la vida mi-
litar, es la menos épica. Rigores y arbitrariedades,
picardías de los pagadores y de los jefes, inepcia
de los enganchados italianos [1], pagos tardíos, cas-

[1] El gringo, a lo largo del *Martín Fierro,* es tema de
escarnio. Entre el agricultor y el pastor (entre Caín y
Abel) el odio es antiguo. Al principio el desdén del gaucho por el colono fue el desdén del jinete por el hombre que trabaja la tierra, el desdén que el profano y el
chapucero inspiran al técnico. Después, a medida que la
agricultura desplazó a la ganadería, se invirtió esa relación... La xenofobia de los gauchos no se redujo a des-
ahogos verbales; el primero de enero de 1873, un hombre a quien le decían Tata Dios congregó a cien gauchos

tigos corporales, los azotes y el cepo colombiano [2] agotan la materia de estos cantos.

Esta ausencia de lo épico tiene su explicación. Hernández quería ejecutar lo que hoy llamaríamos un trabajo antimilitarista y esto lo forzó a escamotear o a mitigar lo heroico, para que los rigores padecidos por el protagonista no se contaminaran de gloria. Así, el malón, que en las estrofas de Ascasubi y de Echevarría era épico, no lo es en las de Hernández. Al describir un combate, insiste en el temor inicial del héroe, exactamente como lo harán los escritores pacifistas de la primera guerra mundial. Fierro combate con un indio; este duelo guerrero (que Rojas considera uno de los más bellos episodios de la obra) nos

al pie de la piedra movediza del Tandil y dio muerte a cuarenta europeos antes que las autoridades lo apresaran y fusilaran.

[2] «CEPO. Aparato para asegurar al preso y martirizarlo a la vez. Son dos pesadas vigas unidas en un extremo por bisagras y cerradas en el otro con candado. Cada una tiene agujeros en forma de semicírculo correspondientes con los de la otra, de modo que al cerrarse el cepo forman círculos; los más grandes, para el pescuezo, y los otros, para las piernas. El preso queda echado en el suelo, asegurado de las piernas o del cuello.» (Santiago M. Lugones, p. 41.) Para suplir este aparato, que solía faltar en los campamentos, «se ataban fuertemente las manos del reo por las muñecas, estando éste sentado en el suelo con las rodillas recogidas, se le pasaban los brazos por fuera de ellas, y se colocaba un palo o fusil debajo de las rodillas y por encima de los brazos.» (Francisco I. Castro.) Éste era el cepo de campaña o cepo colombiano.

impresiona menos que los siguientes, que ocurri-
rán en las pulperías:

> Dios le perdone al salvaje
> las ganas que me tenía...
> Desaté las tres marías
> y lo engatusé a cabriolas...
> Pucha... si no traigo bolas,
> me achura el indio ese día.

> Era el hijo de un casique,
> sigún yo lo avirigüé.
> La verdá del caso jue
> que me tuvo apuradazo,
> hasta que al fin de un bolazo
> del caballo lo bajé.

> Ahi no más me tiré al suelo
> y lo pisé en las paletas.
> Empezó a hacer morisquetas
> y a mezquinar la garganta...
> Pero yo hice la obra santa
> de hacerlo estirar la jeta.

Pasan así tres años; un día empieza a pagar a
la tropa, pero no a Fierro, porque su nombre no
figura en la lista. Fierro comprende que nada
puede esperar de esa vida y resuelve huir del fortín. Para desertar aprovecha una francachela del
jefe y del juez de paz, y vuelve a su rancho:

> Volví al cabo de tres años
> de tanto sufrir al ñudo,

resertor, pobre y desnudo
a procurar suerte nueva,
y lo mesmo que el peludo
enderecé pa mi cueva.

No hallé ni rastro del rancho —
¡sólo estaba la tapera! —
Por Cristo, si aquello era
pa enlutar el corazón.
¡Yo juré en esa ocasión
ser más malo que una fiera!

Sólo se oiban los aullidos
de un gato que se salvó.
El pobre se guareció
cerca, en una vizcachera.
Venía como si supiera
que estaba de güelta yo.

La mujer se ha ido con otro, los hijos se han
conchabado de peones y trabajan quién sabe dón-
de. Fierro nada ha sabido de ellos durante los
largos años de la ausencia; los ha perdido, tal
vez para siempre, en la incomunicación de la pobreza desvalida y anafabeta. Resuelve entonces
ser un gaucho matrero; mejor dicho, el destino
lo ha resuelto por él.

Fierro, que era un paisano decente, respetado
de todos y respetuoso, ahora es un vagabundo
y un desertor. Para la sociedad, es un delincuen-
te, y ese juicio general hace que lo sea, porque
todos propendemos a parecernos a lo que piensan
de nosotros. La vida de frontera, los sufrimien-

tos y la amargura han transformado su carácter.
A ello se agrega la influencia del alcohol, vicio
entonces común en nuestra campaña. La bebida
lo vuelve pendenciero. En una pulpería, injuria
a una mujer, obliga a su compañero, un negro, a
pelear y brutalmente lo asesina en un duelo a cuchillo. Hemos escrito que lo asesina y no que lo
mata, porque el insultado que se deja arrastrar
a una pelea que otro le impone, ya está deján-
dose vencer por ese otro. Esta escena, no menos
despiada que *La Refalosa,* de Hilario Ascasubi,
es tal vez la más conocida del poema, y merece
su fama. Desgraciadamente para los argentinos,
es leída con indulgencia o con admiración, y no
con horror. La escena concluye así:

> Por fin en una topada,
> con el cuchillo lo alcé,
> y como un saco de güesos [1]
> contra un cerco lo largué.
>
> Tiró unas cuantas patadas,
> y ya cantó pa el carnero.
> Nunca me puedo olvidar
> la agonía de aquel negro.
>
> En esto la negra vino,
> con los ojos como ají,
> y empezó la pobre allí
> a bramar como una loba.

---

[1] Un criollo diría *una bolsa.* Estamos, aquí, ante uno
de los hispanismos del poema. Poco antes, el poeta había dicho: «Pues malicié que aquel *tío...*»

Yo quise darle una soba
a ver si la hacía callar,
mas pude reflesionar
que era malo en aquel punto,
y por respeto al dijunto
no la quise castigar.

Limpié el facón en los pastos,
desaté mi redomón,
monté despacio y salí
al tranco pa el cañadón.

No sabemos si el deseo de «castigar» a la mujer del negro es una brutalidad más, o un capricho de borracho; más piadoso es imaginar lo segundo. El «monté despacio» del penúltimo verso corresponde al evidente propósito de no mostrar temor ni remordimiento.

A esta pelea seguirá otra, en otra pulpería. A diferencia de la anterior, que abundó en rasgos circunstanciales, ésta es casi abstracta y muy breve; Lugones dice: «El poeta vuelve a su estrofa; mas, para no repetirse en un cuadro forzosamente análogo, sólo empleará diez y ocho versos». Tal vez sea lícito imaginar que esta otra muerte indeterminada significa muchas, y que Hernández ha preferido sugerirlas así.

Martín Fierro se hace matrero y vive a cielo abierto, en los pajonales. Uno de los rasgos más admirables del poema es la presencia del paisaje, sin descripción directa. En el *Fausto* o en *Don Segundo Sombra,* las muchas descripciones parecen ajenas a la índole del paisano, para quien el

cielo, por ejemplo, sólo existe como profecía de
lluvia o de buen tiempo; en el *Martín Fierro,* la
pampa está sugerida, con admirable tino:

> Y en esa hora de la tarde
> en que tuito se adormece,
> que el mundo dentrar parece
> a vivir en pura calma,
> con las tristezas de su alma
> al pajonal enderiece...

> Es triste en medio del campo
> pasarse noches enteras
> contemplando en sus carreras
> las estrellas que Dios cría,
> sin tener más compañía
> que su soledá y las fieras.

En una de esas noches de la llanura, la partida
policial rodea a Martín Fierro para arrestarlo por
las muertes que debe:

> Como a perro cimarrón
> me rodiaron entre tantos;
> yo me encomendé a los santos
> y eché mano a mi facón.

La pelea se empeña en la oscuridad; Fierro,
que defiende su vida, combate con una desesperación que no tienen los otros, y mata o hiere a
muchos de los agresores; este coraje impresiona
al sargento que manda la partida y que, increí-
blemente para nosotros, se pone de parte del mal-

hechor y pelea contra sus propios gendarmes. Su
decisión se debe a que en estas tierras el individuo nunca se sintió identificado con el Estado.
Tal individualismo puede ser una herencia española. Recordemos aquel significativo capítulo del
Quijote en el que éste da libertad a los presidia-
rios y dice que «No es bien que los hombres hon-
rados sean verdugos de los otros hombres, no
yéndoles nada en ello».

Tal vez en el corazón
lo tocó un santo bendito
a un gaucho que pegó el grito
y dijo —¡Cruz no consiente
que se cometa el delito
de matar ansí a un valiente!

Y áhi no más se me aparió,
dentrandolé a la partida.
Yo les hice otra embestida,
pues entre dos era robo;
y el Cruz era como lobo
que defiende su guarida...

Ahi quedaban largo a largo
los que estiraron la jeta;
otro iba como maleta,
y Cruz de atrás les decía:
—Que venga otra polecía
a llevarlos en carreta.

Yo junté las osamentas,
me hinqué y los recé un bendito;

> hice una cruz de un palito,
> y pedí a mi Dios clemente
> me perdonara el delito
> de haber muerto tanta gente.

Cruz le cuenta su historia, que (según observó Juan María Torres) es la misma de Fierro; también ha matado a dos hombres; uno de ellos, un cantor que lo provocó:

> No ha de haber achocao otro:
> le salió cara la broma.
> A su amigo cuando toma
> se le despeja el sentido,
> y el pobrecito había sido
> como carne de paloma.

> Para prestar un socorro
> las mujeres no son lerdas:
> antes que la sangre pierda
> lo arrimaron a unas pipas.
> Áhi lo dejé con las tripas
> como pa que hiciera cuerdas.

Hernández, en esta parte del poema, olvida que Cruz, en medio del campo, está contando a Fierro estas cosas y lo hace jactarse de su facilidad para decirlas en verso...[1]

Cambiadas estas confidencias, los amigos resuelven atravesar el desierto y refugiarse entre los indios. Martín Fierro dice:

[1] Véase la estrofa que empieza: *A otros les brotan las coplas...*

Ya veo que somos los dos
astillas del mesmo palo:
yo paso por gaucho malo
y usté anda del mesmo modo;
y yo, pa acabarlo todo,
a los indios me refalo.

Allá no hay que trabajar,
vive uno como un señor;
de cuando en cuando un malón;
y si de él sale con vida,
lo pasa echao panza arriba
mirando dar güelta el sol.

Y ya que a juerza de golpes
la suerte nos dejó aflús,
puede que allá veamos luz.
y se acaben nuestras penas.
Todas las tierras son güenas:
vámosnos, amigo Cruz.

Estas palabras son explícitas y su intención es
clara; el servicio en la frontera ha hecho de Fierro un vagabundo, luego un criminal y luego un
matrero que huye de la vida civilizada y busca
amparo entre los bárbaros. Ricardo Rojas, sin
embargo, nos propone en su *Literatura argentina*
esta singular interpretación: «Una instintiva protesta anárquica parece agitarse en la dramática
autobiografía de Cruz (x, xi y xii) o en las me-
lancónicas reflexiones de Fierro (xiii); pero, si
bien se mira, hay en las palabras de ambos amigos una rebelión sacrosanta. Si protestan de

aquella organización, es porque sueñan con otra mejor...»

Cruz y Fierro se internan en la llanura y presentimos que se pierden. Para los argentinos, no hay tal vez en la literatura entera estrofas más inagotablemente conmovedoras que las siguientes:

> Cruz y Fierro de una estancia
> una tropilla se arriaron;
> por delante se la echaron
> como criollos entendidos,
> y pronto sin ser sentidos
> por la frontera cruzaron.
>
> Y cuando la habían pasao,
> una madrugada clara,
> le dijo Cruz que mirara
> las últimas poblaciones,
> y a Fierro dos lagrimones
> le rodaron por la cara.

Estas dos lágrimas silenciosas lloradas en el alba, al emprender la travesía del desierto, impresionaron más que una queja. La obra, como el *Paraíso perdido,* se cierra con dos figuras que se alejan y que se borran rumbo a un incierto porvenir. La segunda parte, escrita muchos años después, nos revelará cuál fue su suerte.

La vuelta de *Martín Fierro*

No hay libro perdurable que no incluya lo sobrenatural. En el *Martín Fierro,* como en el *Quijote,* ese elemento mágico está dado por la relación del autor con la obra. En las estrofas finales de la primera parte figura un cantor, que notoriamente simboliza a Hernández y que rompe la guitarra que acompañó la historia de Fierro:

> Ruempo, dijo, la guitarra
> pa no volverme a tentar.
> Ninguno la ha de tocar,
> por siguro tenganló;
> pues naides ha de cantar
> cuanto este gaucho cantó.

Estas palabras parecen indicar el propósito de no retomar el relato. Sin embargo, leemos poco después:

> Y siguiendo el fiel del rumbo,
> se entraron en el desierto.
> No sé si los habrán muerto
> en alguna correría;
> pero espero que algún día
> sabré de ellos algo cierto.

Palabras que sugieren que el autor proseguirá la historia.

El gaucho Martín Fierro se publicó a finales de 1872. Al cabo de siete años se habían agotado, en la República Argentina y en el Uruguay, once ediciones del poema, es decir, cuarenta y ocho mil ejemplares, cifra enorme para la época. En 1879 apareció *La vuelta de Martín Fierro*. En el prólogo, explica Hernández que el público le dio este nombre mucho antes de haber él pensado en escribirlo.

En el manuscrito, la estrofa inicial rezaba:

> Atención pido al silencio
> y silencio a la atención
> que voy en esta ocasión,
> si me ayuda la memoria,
> a contarles de mi historia
> la triste continuación.

Hernández modificó los dos últimos versos, tan nobles, que ahora se leen así:

> a mostrarles que a mi historia
> le faltaba lo mejor.

En la versión definitiva hay un dejo de propaganda comercial. Lugones ha aprobado este cambio.

La segunda estrofa es admirable:

> Viene uno como dormido
> cuando vuelve del desierto.
> Veré si a explicarme acierto
> entre gente tan bizarra,
> y si al sentir la guitarra
> de mi sueño me dispierto.

Aquí el cantor es Martín Fierro, pero luego, sin dejar de serlo, es también Hernández, que está pensando en su gloria y que dice cosas que no diría el payador:

> Aquí no hay imitación,
> ésta es pura realidá.

> Más que yo y cuantos me oigan,
> más que las cosas que tratan,
> más que los que ellos relatan,
> mis cantos han de durar.
> Mucho ha habido que mascar
> para echar esta bravata.

Otros versos parecen aludir a Estanislao del Campo:

> Yo he conocido cantores
> que era un gusto el escuchar;
> mas no quieren opinar
> y se divierten cantando;
> pero yo canto opinando,
> que es mi modo de cantar.

Los dos amigos atraviesan el desierto y arriban a unas tolderías del oeste de la provincia *(Derecho ande el sol se esconde / tierra adentro hay que tirar)*. Pero los indios están tramando una invasión y los toman por bomberos (espías). Un cacique los salva de la muerte, pero quedan en el aduar como prisioneros. Y así pasan los años.

El mundo pastoril que la primera parte nos ha mostrado era, ¿quién lo duda?, durísimo, pero el poeta, en esta continuación, logra la proeza de mostrarnos otro que casi infinitamente lo supera en ferocidad y en cierto carácter diabólico. Ello está dado por una acumulación de rasgos significativos que sugieren una sombría locura:

> Parece un baile de fieras,
> sigún yo me lo imagino.
> Era inmenso el remolino,
> las voces aterradoras,
> hasta que al fin de dos horas
> se aplacó aquel torbellino.

Basta asimismo que uno de los indios grite algo para que lo repitan los otros, interminablemente:

> Allí estaban vigilantes
> cuidándonos a porfía;
> cuando roncar parecían,
> «*Huaincá*» gritaba cualquiera
> y toda la fila entera
> «*Huainca — Huaincá*» repetía.

Hudson refiere que el olor de los indios enloquecía a los caballos de los cristianos; este rasgo parece confirmar que en aquéllos había algo de fieras. Una epidemia de viruela negra diezma a la tribu; los crueles remedios de los brujos contribuyen a agravarla:

> Allí soporta el paciente
> las terribles curaciones;
> pues a golpes y estrujones
> son los remedios aquellos;
> lo agarran de los cabellos
> y le arrancan los mechones...
> A otros les cuecen la boca
> aunque de dolores cruja;
> lo agarran allí y lo estrujan,
> labios le queman y dientes
> con un güevo bien caliente
> de alguna gallina bruja.

Quizá detrás de estos despiadados remedios haya ideas de culpa y de expiación.

Ocurre aquí un episodio de patético laconismo:

> Había un gringuito cautivo,
> que siempre hablaba del barco,
> y lo augaron en un charco
> por causante de la peste;
> tenía los ojos celestes
> como potrillito zarco.
> Que le dieran esa muerte
> dispuso una china vieja;

y aunque se aflige y se queja,
es inútil que resista.
Ponía el infeliz la vista
como la pone la oveja.

La oveja no bala cuando la matan; blanquea los ojos[1].

Muere el cacique que amparaba a Fierro y a Cruz, y después muere Cruz. Fierro narra su muerte con una especie de pudor, como si no quisiera que revivieran en la memoria esas horas tremendas:

De rodillas a su lado,
yo lo encomendé a Jesús.
Faltó a mis ojos la luz;
tuve un terrible desmayo;
cai como herido del rayo
cuando lo vi muerto a Cruz.

[1] La piedad que provoca la mención del gringuito cautivo y su comparación con un potrillito, declaran que se trata de un niño, cuya inocencia lo hace aún más patético. Era natural que lo impresionara muchísimo el barco en que lo trajeron sus padres. Todo esto es evidente, pero Tiscornia ha comentado así el último verso: «O sea: que el desventurado marinero ponía los ojos en blanco.» No menos caprichosa es la interpretación del verso 2170: *y un plumaje como tabla.* Santiago M. Lugones y Rossi entienden rectamente: «liso, parejo». Tiscornia, fiel al propósito de hispanizar el *Martín Fierro,* comenta: «Quiere decir hermoso por la variedad de los colores, tomando *tabla* en la vieja acepción que trae Covarrubias: *llamamos tabla a una pintura, por estar pintada en la tabla (Tesoro,* 11, fol. 181 r.).»

En la agonía, Cruz le recomienda a un hijito suyo, abandonado:

> Me recomendó un hijito
> que en su pago había dejado:
> «Ha quedado abandonado»,
> me dijo, «aquel pobrecito».

Típico de la rudeza de aquellos hombres es el hecho de no haberle hablado nunca del hijo.

Llegamos, ahora, a una de las escenas inolvidables. Fierro está meditando junto a la sepultura de Cruz, y el viento le trae unas quejas. Acude; encuentra una mujer cristiana con las manos atadas. En la tierra hay un chico muerto. Un indio la castiga con un rebenque, y el rebenque está ensangrentado. La mujer le explicará, después, que ella es una cautiva, que el indio la ha acusado de hechizo y ha degollado a su hijo:

> Ese bárbaro inhumano
> (sollozando me lo dijo)
> me amarró luego las manos
> con las tripitas de mi hijo.

Fierro y el indio se miran y no necesitan palabras:

> Yo no sé lo que pasó
> en mi pecho en ese instante.
> Estaba el indio arrogante,
> con una cara feroz.
> Para entendernos los dos
> la mirada fue bastante.

Silenciosa, empieza la tremenda pelea. Fierro maneja el cuchillo; el indio, las boleadoras de piedra [1].

Fierro, al pelear, piensa que si Cruz estuviera ahí, él no tendría cuidado:

> Entre dos, no digo a un pampa:
> a la tribu si se ofrece.

Los dos se miran, vigilándose inmóviles, y esa tensión no es menos dramática que el entrevero. Fierro atropella al indio; el indio recula; Fierro, al avanzar, se enreda en el chiripá y cae largo a largo.

El indio se le abalanza y ya está por matarlo, cuando la mujer le da un tirón y se lo saca de encima. (Este episodio será clásico en los filmes del *Far West.)* Siguen peleando y el indio, al retroceder, resbala en el cadáver del chico. Fierro, entonces, lo corta en el cuerpo y en la cabeza, la sangre lo enceguece y de la garganta le sale una especie de aullido. Y luego:

> Al fin de tanto lidiar,
> en el cuchillo lo alcé;
> en peso lo levanté
> a aquel hijo del desierto;
> ensartado lo llevé.
> Y allá recién lo largué
> cuando ya lo sentí muerto.

[1] En los últimos años del siglo XIX, Guillermo Hoyo, más conocido por *Hormiga Negra,* matrero del partido de San Nicolás, peleaba (según testimonio de Eduardo Gutiérrez) con boleadoras y cuchillo.

Fierro y la mujer dan gracias a Dios. El canto concluye así:

> Se alzó con pausa de leona [1]
> cuando acabó de implorar;
> y sin dejar de llorar,
> envolvió en unos trapitos
> los pedazos de su hijito
> que yo le ayudé a juntar.

Muerto el indio, Fierro y la mujer tienen que huir de la toldería. Fierro da su caballo a la mujer y toma el de muerto:

> Yo me le senté al del pampa.
> Era un escuro tapao.
> Cuando me hallo bien montao,
> de mis casillas me salgo;
> y era un pingo como galgo,
> que sabía correr boliao.

En un pajonal esconden el cadáver del indio, para llevar de ventaja el tiempo que tardarán los otros en encontrarlo. Los dos, padeciendo penurias de toda especie —a veces comen carne cruda, y otras se mantienen con raíces—, atraviesan el desierto y, finalmente, arriban a las primeras estancias:

[1] Es inevitable, aquí, el recuerdo del Sordello dantesco:

> ...solo sguardando
> a guisa di leon quando si posa.
>
> (*Purgatorio*, VI, 65-66.)

Después de mucho sufrir
tan peligrosa inquietú,
alcanzaamos con salú
a divisar una sierra,
y al fin pisamos la tierra
en donde crece el ombú.

Nueva pena sintió el pecho
por Cruz en aquel paraje;
y en humilde vasallaje
a la Majestá infinita,
besé esta tierra bendita,
que ya no pisa el salvaje.

Un problema ha inquietado curiosamente a los
críticos de la obra. ¿Ocultaron las noches del desierto una tregua amorosa? Lugones opina que
no, porque «la generosidad del paladín ignora estas complicaciones pasionales»; Rojas entiende
que tal vez haya pasado algo, pero que Hernández ha sido muy discreto.

Fierro se despide de esa compañera eventual,
en la primera estancia que encuentran. Han trans-
currido muchos años; tres en el fortín, dos como
desertor y matrero, y cinco en las tolderías, hacen
diez. El juez que perseguía a Fierro ya ha muerto;
los oscuros crímenes de éste han sido olvidados
por la justicia. Fierro concurre a unas carre-
ras y...

No faltaban, ya se entiende,
en aquel gauchaje inmenso,
muchos que ya conocían
la historia de Martín Fierro.

Esto nos recuerda los personajes de la segunda parte del *Quijote* que habían leído la primera.

Entre ese gentío están los hijos de Martín Fierro, cuidando unos caballos. Tardan en reconocerlo, porque está muy viejo y aindiado. Le refieren que su mujer ha fallecido en un hospital.

Hernández juzga que este encuentro del héroe con personas que para nosotros casi no existen, no puede ser conmovedor, y lo despacha en pocos y apresurados versos:

> La junción de los abrazos,
> de los llantos y los besos
> se deja pa las mujeres,
> como que entienden el juego;
> pero el hombre, que compriende
> que todos hacen lo mesmo,
> en público canta y baila,
> abraza y llora en secreto.

Se vislumbra, tal vez, una censura lateral a los efusivos gauchos de Estanislao del Campo, de quienes Rafael Hernández escribía en su libro sobre Pehuajó que más que gauchos parecían gringos del barrio de la Boca. Los hijos de Fierro, por lo demás, no tienen rasgos individuales; son pretextos o conveniencias para referir cosas de la campaña, y así los considera el autor.

El padre ha vuelto del desierto; el hijo mayor, de ese desierto artificial, obra de los hombres, que es una celda en una cárcel. Fierro había dicho:

> Privado de tantos bienes
> y perdido en tierra ajena,
> parece que se encadena
> el tiempo y que no pasara,
> como si el sol se parara
> a contemplar tanta pena.

Su hijo ahora dice:

> No sé el tiempo que corrió
> en aquella sepoltura.
> Si de ajuera no lo apuran,
> el asunto va con pausa:
> tienen la presa sigura
> y dejan dormir la causa.

No sabe el tiempo que ha durado su prisión
y nos confiesa esta circunstancia patética:

> En mi madre, en mis hermanos,
> en todo pensaba yo.
> Al hombre que allí dentró
> de memoria más ingrata,
> fielmente se le retrata
> todo cuanto ajuera vio.

El hijo segundo de Fierro cuenta su historia.
A veces, habla menos como paisano que como
compadrito letrado:

> El que vive de ese modo,
> de todos es tributario;

> falta el cabeza primario,
> y los hijos que él sustenta
> se dispersan como cuentas
> cuando se corta el rosario.

Una tía que lo recoge lo nombra su heredero; a su muerte, el juez le declara que no puede entregarle los bienes hasta que cumpla los treinta años y sea mayor de edad. (La mayoría de edad es a los veinte años, pero esto no lo sabe el muchacho.) El juez lo confía a la tutela de un señor, que cuidará de él y lo educará. Ese señor es el viejo Vizcacha:

> Me llevó consigo un viejo
> que pronto mostró la hilacha.
> Dejaba ver por la facha
> que era medio cimarrón
> muy renegao, muy ladrón,
> y le llamaban Vizcacha.

Vizcacha es, después de Martín Fierro, el personaje más famoso de la obra. En la imaginación popular, es también «el Sancho de nuestra campaña», como lo define Lugones, que asimismo dice de él: «Es nuestro tipo proverbial por excelencia. No es el caso de transcribir su retrato y sus consejos, que todos sabemos de memoria». Habría que agregar que los consejos son parte del retrato y no deberían ser otra cosa; demasiado los hemos escuchado y aprendido los argentinos, sobre todo el que reza:

> Hacéte amigo del juez,
> no le des de qué quejarse;
> y cuando quiera enojarse,
> vos te debés encoger,
> pues siempre es güeno tener
> palenque ande ir a rascarse.

Es lamentable que estos consejos agoten el poema para mucha gente y borren tantas otras páginas nobles.

Vizcacha es mucho más que un personaje cómico, un Sancho; es también un hombre despiadado, un avaro de cosas inútiles, de guascas, tarros de sardinas y argollas, un hombre que al morir tiembla cuando ve una reliquia y llama al diablo para que se lo lleve al infierno, un tirano que no permite al hijo de Fierro entrar en su rancho:

> Después de las trasnochadas
> allí venía a descansar.
> Yo deseaba aviriguar
> lo que tuviera escondido;
> pero nunca había podido,
> pues no me dejaba entrar.

> Yo tenía unas jergas viejas,
> que habían sido más peludas;
> y con mis carnes desnudas,
> el viejo, que era una fiera,
> me echaba a dormir ajuera
> con unas heladas crudas.

Vive y muere entre perros:

> Andaba rodiao de perros
> que eran todo su placer;
> jamás dejó de tener
> menos de media docena.
> Mataba vacas ajenas
> para darles de comer...
>
> Cuando ya no pudo hablar,
> le até en la mano un cencerro,
> y al ver cercano su entierro,
> arañando las paredes
> expiró allí entre los perros
> y este servidor de ustedes.

Muerto, uno de los perros le come la mano:

> Y me ha contado además
> el gaucho que hizo el entierro
> (al recordarlo me aterro,
> me da pavor el asunto)
> que la mano del dijunto
> se la había comido un perro.

Este episodio es inverosímil y tal vez increíble.
Los personajes de la literatura suelen ser mayores
en la imaginación de la gente que en los textos
originales; con Vizcacha ha acontecido lo contra-
rio; el hombre del poema es más complejo y más
atroz que el pillo trivial de la mitología corriente.
Lugones, después de compararlo con Sancho, ob-
serva muy justamente que Hernández supera en

naturalidad al autor del *Quijote,* «puesto que suprime el recurso literario de la oposición simétrica».

Vizcacha sobrevive atrozmente en las pesadillas del pobre muchacho a quien maltrató:

> Por mucho tiempo no pude
> saber lo que me pasaba.
> Los trapitos con que andaba
> eran puras hojarascas.
> Todas las noches soñaba
> con viejos, perros y guascas.

Fierro y sus hijos siguen celebrando con alegría la fiesta de su encuentro y en eso cae a la reunión un muchacho que dice llamarse *Picardía* y que pide licencia para contar su historia, acompañándose con la guitarra. Picardía cuenta sus aventuras por las provincias de Buenos Aires y de Santa Fe y confiesa haber ejercido el mal oficio de tahur. Narra también sus andanzas por la frontera, y, en esta parte de su narración, hay pasajes inolvidables, como aquel del Comandante que le dice a un paisano a quien van a enrolar en el ejército:

> Vos, porque sos ecetuao,
> ya te querés sulevar.

Picardía no sabe quién es su padre, pero al fin lo averigua; es el sargento Cruz. Picardía canta estas cosas, y, cuando ha terminado, otro personaje, un moreno, le pide la guitarra.

Se sentó con toda calma,
echó mano al estrumento
y ya le pegó un ragido:
era fantástico el negro;
y para no dejar dudas,
medio se compuso el pecho.

Todo el mundo conoció
la intención de aquel moreno:
era claro el desafío
dirigido a Martín Fierro,
hecho con toda arrogancia,
de un modo muy altanero.

Aquí nos aguarda uno de los episodios más dramáticos y complejos de la obra que estudiamos. Hay en todo él una singular gravedad y está como cargado de destino. Trátase de una payada de contrapunto, porque así como el escenario de *Hamlet* encierra otro escenario, y el largo sueño de las *Mil y una noches,* otros sueños menores, el *Martín Fierro,* que es una payada, encierra otras. Ésta, de todas, es la más memorable.

Rojas ha interpretado literalmente la palabra *fantástica* y ha visto en el moreno algo así como la voz de la conciencia. Entiendo que esta conjetura es errónea, pero el hecho de que haya sido formulada es una prueba de la tensión dramática del pasaje. El desafío del moreno incluye otro, cuya gravitación creciente sentimos, y prepara o prefigura otra cosa, que luego no sucede más allá del poema.

Fierro acepta los dos desafíos y canta en medio de un ansioso silencio:

> Mientras suene el encordao,
> mientras encuentre el compás,
> yo no he de quedarme atrás
> sin defender la parada;
> y he jurado que jamás
> me la han de llevar robada...

> Y seguiremos si gusta
> hasta que se vaya el día.
> Era la costumbre mía
> cantar las noches enteras.
> Había entonces, dondequiera,
> cantores de fantasía.

El moreno es cortés y de muy florido lenguaje, pero bajo su dulzura late una inquebrantable decisión. Invita a Fierro a que éste lo pruebe con preguntas difíciles. Fierro le pregunta cuál es el canto del cielo y después, cuál es el canto de la tierra y cuál el del mar y cuál el de la noche. Con hermosa vaguedad el moreno satisface tales demandas; al contestar la última, dice:

> No galope que hay aujeros,
> le dijo a un guapo un prudente.
> Le contesto humildemente:
> la noche por cantos tiene
> esos ruidos que uno siente
> sin saber de dónde vienen.

> A las sombras sólo el sol
> las penetra y las impone.
> En distintas direcciones,
> se oyen rumores inciertos:
> son almas de los que han muerto,
> que nos piden oraciones.

Martín Fierro entiende y le pide que dejen en la paz de Dios las almas de los muertos. Luego payan sobre el origen del amor y sobre la ley. Fierro se da por satisfecho y el moreno le exige que defina la cantidad, la medida, el peso y el tiempo. A estas dificultades de índole metafísica, Martín Fierro contesta. Así, por ejemplo:

> Moreno, voy a decir,
> sigún mi saber alcanza:
> el tiempo sólo es tardanza
> de lo que está por venir.
> No tuvo nunca principio
> ni jamás acabará,
> porque el tiempo es una rueda
> y rueda es eternidá;
> y si el hombre lo divide,
> sólo lo hace, en mi sentir,
> por saber lo que ha vivido
> o le resta que vivir.

Estos vastos temas exceden la capacidad de los gauchos y tal vez de los hombres, pero el moreno los desvía, casi secretamente, hacia el propósito que lo ha llevado a esta payada, que puede ser el principio de una pelea. Hernández cumple ad-

mirablemente con la doble finalidad: los versos
son bellos y son asimismo fatídicos. Fierro reto-
ma las preguntas. A la primera el negro se declara vencido; sospechamos que lo hace para no
demorar su propósito íntimo. Lo revela así:

> Ya saben que de mi madre
> fueron diez los que nacieron;
> mas ya no existe el primero
> y más querido de todos:
> murió por injustos modos
> a manos de un pendenciero...

> Y queden en paz los güesos
> de aquel hermano querido.
> A moverlos no he venido;
> mas, si el caso se presienta,
> espero en Dios que esta cuenta
> se arregle como es debido.

> Y si otra ocasión payamos
> para que esto se complete,
> por mucho que lo respete
> cantaremos, si le gusta,
> sobre las muertes injustas
> que algunos hombres cometen.

Fierro le contesta con sorna:

> Primero fue la frontera
> por persecución de un juez;
> los indios fueron después,
> y para nuevos estrenos,

aura son estos morenos
pa alivio de mi vejez.

Mas cada uno ha de tirar
en el yugo en que se vea.
Yo ya no busco peleas,
las contiendas no me gustan;
pero ni sombras me asustan
ni bultos que se menean.

Los presentes impiden la pendencia. Martín
Fierro y los muchachos se van. Llegan a la costa
de un arroyo, se apean y ahí Martín Fierro, que
acaba de contestar con burlas a un hermano del
hombre al que asesinó, les dice untuosamente:

El hombre no mate al hombre
ni pelee por fantasía.
Tiene en la desgracia mía
un espejo en que mirarse.
Saber el hombre guardarse
es la gran sabiduría.

Después de estas moralidades, resuelven sepa-
rarse y cambiar de nombre para poder trabajar en
paz. (Podemos imaginar una pelea más allá del
poema, en la que el moreno venga la muerte de
su hermano.)

En el último canto, que lleva el número treinta y tres, Hernández habla personalmente con su
lector, como Walt Whitman en la última página
de sus *Leaves of grass*. En esta despedida, el poe-

ta siente sin vanidad la grandeza de la obra cumplida.

Y si la vida me falta,
tenganló todos por cierto,
que el gaucho, hasta en el desierto,
sentirá en tal ocasión
tristeza en el corazón
al saber que yo estoy muerto.

Pues son mis dichas desdichas
las de todos mis hermanos.
Ellos guardarán ufanos
en su corazón mi historia;
me tendrán en su memoria
para siempre mis paisanos...

Mas naides se crea ofendido,
pues a ninguno incomodo;
y si canto de este modo
por encontrarlo oportuno,
NO ES PARA MAL DE NINGUNO
SINO PARA BIEN DE TODOS.

Martín Fierro y los críticos

Del éxito popular que desde el principio alcanzó el poema de Hernández, ya hemos hablado. En una advertencia editorial de la edición de 1894, se habla de «sesenta y cuatro mil ejemplares desparramados por todos los ámbitos de la campaña», y se comunica que «en algunos lugares de reunión, se creó el tipo del *lector,* en torno del cual se congregaban gentes de ambos sexos...» Líneas más abajo, se lee: «Uno de mis clientes, almacenero por mayor, me mostraba ayer en sus libros los encargos de los pulperos de la campaña: 12 gruesas de fósforos; una barrica de cerveza; 12 *Vueltas de Martín Fierro;* 100 cajas de sardinas...» Descontada alguna ligera exageración comercial (Hernández no era reacio a ellas y hasta las incluyó alguna vez en el cuerpo

de su poema), todo lo anterior ha de ser esencial-
mente verdadero.

Desde comienzos del siglo XIX, un prejuicio
romántico ha establecido que una de las condicio-
nes de la gloria póstuma es la oscuridad contemporánea. Leopoldo Lugones, en *El payador,* insiste en los elogios avaros o en las censuras de
los contemporáneos de Hernández, así como
su maestro Víctor Hugo recopiló, e inventó, en
su *William Shakespeare,* dictámenes adversos al
poeta. En tales reproches hay alguna exageración;
los primeros lectores del *Martín Fierro* no des-
conocieron sus méritos, si bien no los apreciaron
con plenitud, por obra de causas que investiga-
remos después.

En 1879, Hernández envió a Mitre un ejem-
plar del poema con la siguiente dedicatoria: «Señor General Don Bartolomé Mitre. — Hacen 25
años que formo en las filas de sus adversarios
políticos. Pocos argentinos pueden decir lo mismo; pero pocos también, se atreverían como yo,
a saltar por sobre ese recuerdo, para pedirle al
ilustrado Escritor, que conceda un pequeño espa-
cio en su Biblioteca a este modesto libro. Le pido
que lo acepte como testimonio de respeto de su
compatriota El Autor.» La contestación de Mitre
se ha conservado; éste declara que *Martín Fierro*
«es una obra y un tipo que ha conquistado su
título de ciudadanía en la literatura y en la socia-
bilidad argentina». Agrega: «Su libro es un verdadero poema espontáneo, cortado en la masa de
la vida real», y luego, algo contradictoriamente:

«Hidalgo será siempre su Homero, porque fue el primero...»

Las palabras «cortado en la masa de la vida real» nos ayudan a entender por qué los contemporáneos no juzgaron la obra como nosotros la juzgamos ahora.

El *Martín Fierro* es de índole realista, y es de común observación que las obras de este tipo parecen evidentes y fáciles, sobre todo cuando están bien ejecutadas. Zola pudo hablar de *tajadas de vida* y de *transcribir la realidad;* ello es inexacto, ya que la vida no es un texto sino un misterioso proceso, pero corresponde a lo que suele pensar la gente. Toda obra realista parece mera transcripción, mero periodismo, y los literatos tienden a creer que basta condescender a esta empresa para ejecutarla felizmente. Para nosotros, el tema del *Martín Fierro* ya es lejano y, de alguna manera, exótico; para los hombres de mil ochocientos setenta y tantos, era el caso vulgar de un desertor, que luego degenera en malevo. Buena prueba de ello es que Eduardo Gutiérrez abundó luego en argumentos análogos, sin que a nadie se le ocurriera pensar que éstos procedían del *Martín Fierro.*

Se objetará que Zola deslumbró a sus coetáneos con libros de tipo realista; en ese deslumbramiento obraron las teorías pseudocientíficas del autor y el escándalo de lo sexual. El *Martín Fierro,* en cambio, prescinde de tales estímulos, por voluntad de Hernández y porque la vida erótica de los gauchos era rudimentaria.

Además, el *Martín Fierro* tiene mucho de alegato político; al principio, no lo juzgaron estéticamente, sino por las tesis que defendía. Agréguese que el autor era federal (*federalote o mazorquero* se dijo entonces); vale decir, que pertenecía a un partido que todos juzgaban moral e intelectualmente inferior. En el Buenos Aires de entonces, todo el mundo se conocía y la verdad es que José Hernández no impresionó mucho a sus contemporáneos.

En 1883, Groussac visitó a Víctor Hugo; en el vestíbulo, trató de emocionarse reflexionado que estaba en casa del ilustre poeta, pero «Hablando en puridad, me sentía tan sereno como si me hallara en casa de José Hernández, autor de *Martín Fierro*» (*El viaje intelectual*, II, 112).

Miguel Cané alabó el poema de Hernández, pero es significativo del gusto de la época que las estrofas que más le agradaban eran aquellas que podían recordar a Estanislao del Campo. La edición de 1894 incluye asimismo juicios elogiosos de Ricardo Palma, de José Tomas Guido, de Adolfo Saldías y de Miguel Navarro Viola.

En 1916, Lugones publicó *El payador,* cuya importancia es capital en la historia de la fama del poeta. Lugones siempre había sentido lo criollo; pero su estilo barroco y su vocabulario excesivo lo habían alejado del público. Pensó, sin duda, que una exaltación de la obra de Hernández lo acercaría a la gente, y escribió —con toda sinceridad, desde luego— el libro *El payador.* Lugones reclama para el *Martín Fierro* el título de libro nacional de los argentinos. *El payador*

encierra espléndidas descripciones de nuestra
época pastoril que inevitablemente pasarán a las
antologías y cuyo único defecto es, acaso, el haber sido escritas con ese fin. En sus páginas elo-
cuentes, Lugones exige para el *Martín Fierro* el
nombre de epopeya; su escritura probaría nuestra
ascendencia grecolatina, a pesar de la larga inte-
rrupción que obró el cristianismo, que es una
«religión oriental».

El concepto de que cada país debe tener un
libro es muy viejo y al principio fue de índole
religiosa. En el *Corán* se llama a los judíos *la gente del Libro,* y los hindúes creen que el *Veda* es
eterno y que la divinidad, en cada una de las
creaciones periódicas del universo, recuerda, para
crear cada cosa, las palabras del *Veda*. Del concepto de libro canónico religioso se pasó, a comienzos del siglo XIX al de libros canónicos nacio-
nales; Carlyle escribió que Italia se cifraba en la
Divina Comedia y España en el *Quijote* y agregó
que la casi infinita Rusia era muda, porque aún
no se había manifestado en un libro. Lugones
declaró que los argentinos ya poseíamos ese libro
canónico y que éste, previsiblemente, era el *Martín Fierro*. Dijo que la obra de Hernández era
a nuestros orígenes lo que la *Ilíada* a los orígenes
griegos o la *Chanson de Roland* a los de Francia.
Esta imaginaria necesidad de que *Martín Fierro*
fuera épico, pretendió así comprimir (siquiera de
un modo simbólico) la historia secular de la patria con sus generaciones, sus destierros, sus ago-
nías, sus batallas de Chacabuco y de Ituzaingó,
en el caso individual de un cuchillero de mil ocho-

cientos setenta. Ya volveremos sobre esta disensión.

Rojas, en su *Literatura argentina,* repite con
ciertas vacilaciones o contradicciones el mismo argumento. En un párrafo dice que «esta pintoresca payada se ha de considerar en la rusticidad de
su forma y en la ingenuidad de su fondo, como
una voz elemental de la naturaleza» y que «tanto valiera repudiar el arrullo de la paloma porque
no es un madrigal, o la canción del viento porque
no es una oda». En otro, leemos: «Fundar ciudades que han comenzado siendo fortines; expandir
su acción sobre el desierto en radio progresivo;
luchar con la tierra virgen y con el auca batallador; padecer las injusticias de la organización
social rudimentaria; sobrellevar heroicamente entre esas fuerzas fatales la fe en sí mismos, en la
humanidad, en la justicia; he ahí la vida del gaucho Martín Fierro; he ahí la vida de todo el
pueblo argentino». Quien haya leído, siquiera superficialmente, la obra de Hernández, sabe muy
bien que en ella los temas enumerados por Rojas
brillan, para repetir la sentencia de Tácito, por su
ausencia, o sólo figuran de un modo lateral.

En las notas de su *Antología,* Calixto Oyuela,
con mejor acierto, escribió: «El asunto del *Martín
Fierro* no es propiamente *nacional* ni menos de
raza ni se relaciona en modo alguno con nuestros
orígenes como pueblo ni como nación políticamente constituida. Trátase en él de las dolorosas
vicisitudes de la vida de un gaucho *en el último
tercio del siglo anterior,* en la época de la decadencia y próxima desaparición de ese tipo local

y transitorio nuestro ante una organización social
que lo aniquila».

Cabe citar a título de curiosidad el dictamen
de Miguel de Unamuno: «En el *Martín Fierro* se
compenetran y como se funden íntimamente el
elemento épico y el lírico; *Martín Fierro* es, de
todo lo hispanoamericano que conozco, lo más
hondamente español. Cuando el payador pampe-
ro a la sombra del ombú, en la infinita calma del
desierto, o en la noche serena a la luz de las estre-
llas, entone, acompañado de la guitarra española,
las monótonas décimas de *Martín Fierro,* y oigan
los gauchos conmovidos la poesía de sus pampas,
sentirán sin saberlo, ni poder de ello darse cuenta, que les brotan del lecho inconsciente del espíritu, ecos inextinguibles de la madre España, ecos
que con la sangre y el alma les legaron sus padres. *Martín Fierro* es el canto del luchador español que, después de haber plantado la cruz en
Granada, se fue a América a servir de avanzada
a la civilización y abrir el camino del desierto.»
Acaso no es inútil advertir que las «monótonas
décimas» que Unamuno hospitalariamente anexa
a la literatura española son realmente sextinas.

Más lúcido y menos sorprendente es el juicio
de Menéndez y Pelayo: «La obra maestra del género gauchesco es, por confusión unánime de los
argentinos, el poema de Hernández, *Martín Fierro,* obra popularísima de todo el territorio de la
República, y no sólo en las ciudades, sino en las
pulperías y ranchos del campo. El soplo de la
pampa argentina corre por sus desgreñados, bra-
víos y pujantes versos, en que estallan todas las

energías de la pasión idómita y primitiva, en lucha con el mecanismo social que inútilmente comprime los ímpetus del protagonista, y acaba por lanzarlo a la vida libre del desierto, no sin que sienta alguna nostalgia del mundo civilizado, que le arroja de su seno.» Se ve que a Menéndez y Pelayo lo impresionó la «madrugada clara» en que atravesaron la frontera los dos amigos.

El *Martín Fierro* ha sido materia o pretexto, de otro libro capital: *Muerte y transfiguración de Martín Fierro* (México, 1948), de Ezequiel Martínez Estrada. Trátase menos de una interpretación de los textos que de una recreación; en sus páginas, un gran poeta que tiene la experiencia de Melville, de Kafka y de los rusos, vuelve a soñar, enriqueciéndolo de sombra y de vértigo, el sueño primario de Hernández. *Muerte y transfiguración de Martín Fierro* inaugura un nuevo estilo de crítica del poema gauchesco. Las futuras generaciones hablarán del Cruz, o del Picardía, de Martínez Estrada, como ahora hablamos del Farinata de De Sanctis o del Hamlet de Coleridge.

Juicio general

En cenáculos europeos y americanos he sido muchas veces interrogado sobre literatura argentina e invariablemente he respondido que esa literatura (tan desdeñada por quienes la ignoran) existe y que comprende, por lo menos, un libro, que es el *Martín Fierro*. Justificar esa primacía es el fin que estas últimas páginas se proponen.

En el capítulo anterior he recopilado algunos juicios críticos. Una simplificación simbólica podría reducirlos a dos: el de Lugones, para quien el *Martín Fierro* es una epopeya de los orígenes argentinos; el de Calixto Oyuela, para quien el poema sólo registra un caso individual. «Justiciero y libertador» es la definición del protagonista que ha estampado Lugones; «hombre con visible declinación hacia el tipo *moreiresco* de gaucho malo, agresivo, matón y peleador con la policía», la que Oyuela prefiere. ¿Cómo resolver el debate?

El crítico francés Rémy de Gourmont se complacía en el ejercicio difícil de disociar ideas. En la controversia que acabo de resumir, se confunde la virtud estética del poema con la virtud moral del protagonista, y se quiere que aquélla dependa de ésta. Disipada esa confusión, el debate se aclara.

Retomemos el tema de la clasificación propuesta por Lugones. Para los griegos el mayor poeta era Homero; la veneración que le tributaban se extendió al *género* a que pertenecían sus obras y surgió así el culto secular de la épica, que llenaría a Italia de epopeyas artificiales e induciría, en el siglo XVIII, a Voltaire a fabricar la *Henriade,* para que no le faltara una epopeya a la literatura francesa... Pero ya Aristóteles había sentenciado que la tragedia puede aventajar a la épica en brevedad, en unidad y en perspicuidad; Lugones, al reclamar para el *Martín Fierro* el nombre de epopeya, no hace otra cosa que revivir una vieja y dañina superstición.

La palabra *epopeya* tiene, sin embargo, su utilidad en este debate. Nos permite definir la clase de agrado que la lectura del *Martín Fierro* nos da; ese agrado, en efecto, es más parecido al de la *Odisea* o al de las *sagas* que al de una estrofa del Verlaine o de Enrique Banchs. En tal sentido, es razonable afirmar que el *Martín Fierro* es épico, sin que ello nos autorice a confundirlo con las epopeyas genuinas. Además, la palabra puede prestarnos otro servicio. El placer que daban las

epopeyas a los primitivos oyentes era el que ahora dan las novelas: el placer de oír que a tal hombre le acontecieron tales cosas. La epopeya fue
una preforma de la novela. Así, descontado el ac-
cidente del verso, cabría definir al *Martín Fierro*
como una novela. Esta definición es la única que
puede transmitir puntualmente el orden de placer
que nos da y que coincide sin escándalo con su
fecha, que fue, ¿quién no lo sabe?, la del siglo
novelístico por excelencia: el de Dickens, el de
Dostoievski, el de Flaubert.

La épica requiere perfección en los caracteres;
la novela vive de su imperfección y complejidad.
Para unos, Martín Fierro es un hombre justo;
para otros un malvado o, como dijo festivamente
Macedonio Fernández, un siciliano vengativo;
cada una de esas opiniones contrarias es del todo
sincera y parece evidente a quien la formula. Esta
incertidumbre final es uno de los rasgos de las
criaturas más perfectas del arte, porque lo es también de la realidad. Shakespeare será ambiguo,
pero es menos ambiguo que Dios. No acabamos
de saber quién es Hamlet o quién es Martín Fierro, pero tampoco nos ha sido otorgado saber
quiénes realmente somos o quién es la persona
que más queremos.

Asesino, pendenciero, borracho, no agotan las
definiciones oprobiosas que Martín Fierro ha me-
recido; si lo juzgamos (como Oyuela lo ha hecho)
por los actos que cometió, todas ellas son justas
e incontestables. Podría objetarse que estos juicios presuponen una moral que no profesó Martín
Fierro, porque su ética fue la del coraje y no la

del perdón. Pero Fierro, que ignoró la piedad, quería que los otros fueran rectos y piadosos con él y a lo largo de su historia se queja, casi infinitamente.

Si no condenamos a Martín Fierro, es porque sabemos que los actos suelen calumniar a los hombres. Alguien puede robar y no ser ladrón, matar y no ser asesino. El pobre Martín Fierro no está en las confusas muertes que obró ni en los excesos de protesta y bravata que entorpecen la crónica de sus desdichas. Está en la entonación y en la respiración de los versos; en la inocencia que rememora modestas y perdidas felicidades y en el coraje que no ignora que el hombre ha nacido para sufrir. Así, me parece, lo sentimos instintivamente los argentinos. Las vicisitudes de Fierro nos importan menos que la persona que las vivió.

Expresar hombres que las futuras generaciones no querrán olvidar es uno de los fines del arte; José Hernández lo ha logrado con plenitud.

a) EDICIONES DEL POEMA:

JOSÉ HERNÁNDEZ, *El gaucho Martín Fierro* y *La vuelta de Martín Fierro* (Buenos Aires, Librería Martín Fierro, 1894). Incluye los prólogos del autor, los primeros juicios críticos y las litografías originales de Carlos Clerice.

Martín Fierro, comentado y anotado por Eleuterio F. Tiscornia (Buenos Aires, Coni, 1925). Su importancia es gramatical; relaciona el lenguaje del poema con el de los clásicos españoles.

El gaucho Martín Fierro y *La vuelta de Martín Fierro,* edición revisada y anotada por Santiago M. Lugones (Buenos Aires, Centurión, 1926). Es, lo repetimos, la más útil.

JOSÉ HERNÁNDEZ, *Martín Fierro* (Buenos Aires, Claridad, 1940). Trae un estudio preliminar de Carlos Octavio Bunge.

José Hernández, *Martín Fierro*. Edición crítica de Carlos Alberto Leumann (Buenos Aires, Estrada, 1947). Fija el texto a la luz de los manuscritos originales. A veces propone enmiendas arbitrarias y quiere falazmente justificar los errores de ortografía de Hernández.

b) ESTUDIOS:

Leopoldo Lugones, *El payador*. Tomo primero: *Hijo de la pampa* (Buenos Aires, Otero y compañía, 1916).

Ricardo Rojas, *Historia de la literatura argentina. Los gauchescos* (Buenos Aires, El Ateneo, 1924).

Vicente Rossi, *Folletos lenguaraces*. Desagravio al lenguaje de Martín Fierro (Córdoba, Imprenta Argentina, 1939-1945).

Ezequiel Martínez Estrada, *Muerte y transfiguración de Martín Fierro* (México, Fondo de Cultura Económica, 1948). Trae el texto íntegro del poema y una copiosa bibliografía.

Francisco I. Castro, *Vocabulario y frases de Martín Fierro* (Buenos Aires, Ciordia y Rodríguez, 1950).

Indice

Indice

Prólogo   7

La poesía gauchesca   13

José Hernández   31

El gaucho *Martín Fierro*   41

La vuelta de *Martín Fierro*   59

Martín Fierro y los críticos   83

Juicio general   93

Bibliografía   99

Libros en venta

520 Prosa modernista hispanoamericana.
Antología
Selección de Roberto Yahni

521 Glyn Daniel:
Historia de la Arqueología:
De los anticuarios a V. Gordon Childe

522 Franz Kafka:
Cartas a Milena

523 Sigmund Freud:
Proyecto de una psicología
para neurólogos y otros escritos

524 Umberto Eco, Furio Colombo,
Francesco Alberoni, Giuseppe Sacco:
La nueva Edad Media

525 Michel Grenon:
La crisis mundial de la energía
Prólogo de Sicco Mansholt

526 Peter Weiss:
Informes

527 Arthur Koestler:
Autobiografía
4. El destierro

528 Roger Martin du Gard:
Los Thibault
1. El cuaderno gris. El reformatorio

529 Hermann Hesse:
Lecturas para minutos

530 E. L. Woodward:
Historia de Inglaterra

531 Arthur C. Clarke:
El viento del Sol:
Relatos de la era espacial

532 Camilo José Cela:
San Camilo, 1936

533 Mircea Eliade:
Herreros y alquimistas

534 Miguel Hernández:
Poemas de amor. Antología

535 Gordon R. Lowe:
El desarrollo de la personalidad

536 Narrativa rumana contemporánea
Selección de Darie Novaceanu

537 H. Saddhatissa:
Introducción al budismo

538 Bernard Malamud:
Una nueva vida

539 Sigmund Freud:
Esquema del psicoanálisis y otros
escritos de doctrina psicoanalítica

540 Marc Slonim:
Escritores y problemas de la
literatura soviética, 1917-1967

541 Daniel Guerin:
La lucha de clases en el apogeo de
la Revolución Francesa, 1793-1795

542 Juan Benet:
Volverás a Región

543 Swami Vishnudevananda:
El libro de yoga

544 Roger Martin Du Gard:
Los Thibault
2. Estío

545 Arthur Koestler:
Autobiografía
y 5. La escritura invisible

546 En torno a Marcel Proust
Selección de Peter Quennell

547 Paul Avrich:
Los anarquistas rusos

548 James Joyce:
Dublineses

549 Gustave Flaubert:
Madame Bovary
Prólogo de Mario Vargas Llosa

550 Max Brod:
Kafka

551 Edgar Snow:
China: la larga revolución

552 Roger Martin Du Gard:
Los Thibault
3. La consulta. La sorellina.
La muerte del padre

553 Arturo Uslar Pietri:
La otra América

554 François Truffaut:
El cine según Hitchcock

555 Gabriel Jackson:
Introducción a la España medieval

556 Evelyn Waugh:
¡...Más banderas!

557 José Ramón Lasuen:
Miseria y riqueza: El conflicto
presente entre las naciones

558 Bernhardt J. Hurwood:
Pasaporte para lo sobrenatural:
Relatos de vampiros, brujas,
demonios y fantasmas

559 Fritz J. Raddatz:
Lukács

560 Bertolt Brecht:
Historias de almanaque

561 Scientific American:
La energía

562 Roger Martin Du Gard:
Los Thibault
4. El verano de 1914 (primera parte)

563 George Lichtheim:
Breve historia del socialismo

564 Max Aub:
Jusep Torres Campalans

565 A. Tovar y J. M. Blázquez
Historia de la Hispania romana

566 Louis Aragon:
Tiempo de morir

567 S. E. Luria:
La vida, experimento inacabado

568 Pierre Francastel:
Sociología del arte

569 Lloyd G. Reynolds:
Los tres mundos de la economía:
capitalismo, socialismo y países
menos desarrollados

570 Antología del feminismo
Selección de Amalia Martín-Gamero

571 Elliot Aronson:
Introducción a la psicología social

572 Judith M. Bardwick:
Psicología de la mujer

573 Constantin Stanislavski:
La construcción del personaje

574 Los anarquistas
1. La teoría
Selección de I. L. Horowitz

575 Roger Martin Du Gard:
Los Thibault
5. El verano de 1914 (continuación)

576 Emilia Pardo Bazán:
Un destripador de antaño
y otros cuentos
Selección de José Luis López Muñoz

577 T. E. Lawrence:
El troquel

578 Irenäus Eibl-Eibesfeldt:
Las islas Galápagos:
un arca de Noé en el Pacífico

579 Roger Martin Du Gard:
Los Thibault
6. El verano de 1914 (fin). Epílogo

580 Isaac Asimov:
Breve historia de la química

581 Diez siglos de poesía castellana
Selección de Vicente Gaos

582 Sigmund Freud:
Los orígenes del psicoanálisis

583 Luis Cernuda:
Antología poética

584 J. W. Goethe:
Penas del joven Werther

585 Vittore Branca:
Bocacio y su época

586 Philippe Dreux:
Introducción a la ecología

587 James Joyce:
Escritos críticos

588 Carlos Prieto:
El Océano Pacífico:
navegantes españoles del siglo XVI

589 Adolfo Bioy Casares:
Historias de amor

590 E. O. James:
Historia de las religiones

591 Gonzalo R. Lafora:
Don Juan, los milagros
y otros ensayos

592 Jules Verne:
Viaje al centro de la Tierra

593 Stendhal:
Vida de Henry Brulard
Recuerdos de egotismo

594 Pierre Naville:
Teoría de la orientación profesional

595 Ramón Xirau:
El desarrollo y las crisis de la
filosofía occidental

596 Manuel Andújar:
Vísperas
1. Llanura

597 Herman Melville:
Benito Cereno. Billy Budd, marinero

598 Prudencio García:
Ejército: presente y futuro
1. Ejército, polemología y paz
internacional

599 Antología de Las Mil y Una Noche
Selección y traducción
de Julio Samsó

600 Benito Pérez Galdós:
Tristana

601 Adolfo Bioy Casares:
Historias fantásticas

602 Antonio Machado:
Poesía
Introducción y antología
de Jorge Campos

603 Arnold J. Toynbee:
Guerra y civilización

604 Jorge Luis Borges:
Otras inquisiciones

605 Bertrand Russell:
La evolución de mi pensamiento
filosófico

606 Manuel Andújar:
Vísperas
2. El vencido

607 Otto Karolyi:
Introducción a la música

608 Jules Verne:
Los quinientos millones de La Begún

609 H. P. Lovecraft y August Derleth:
La habitación cerrada y otros
cuentos de terror

610 Luis Angel Rojo:
Inflación y crisis en la economía
mundial (hechos y teorías)

611 Dionisio Ridruejo:
Poesía
Selección de Luis Felipe Vivanco
Introducción de María Manent

612 Arthur C. Danto:
Qué es filosofía

613 Manuel Andújar:
Vísperas
3. El destino de Lázaro

614 Jorge Luis Borges:
Discusión

615 Julio Cortázar:
Los relatos
1. Ritos

616 Flora Davis:
La comunicación no verbal

617 Jacob y Wilhelm Grimm:
Cuentos

618 Klaus Birkenhauer:
Samuel Beckett

619 Umberto Eco, Edmund Leach, John
Lyons, Tzvetan Todorov y otros:
Introducción al estructuralismo
Selección de David Robey

620 Bertrand Russell:
Retratos de memoria
y otros ensayos

621 Luis Felipe Vivanco:
Antología poética
Introducción y selección
de José María Valverde

622 Steven Goldberg:
La inevitabilidad del patriarcado

623 Joseph Conrad:
El corazón de las tinieblas

624 Julio Cortázar:
Los relatos
2. Juegos

625 Tom Bottomore:
La sociología marxista

626 Georges Sorel:
Reflexiones sobre la violencia
Prólogo de Isaiah Berlin

627 K. C. Chang:
Nuevas perspectivas en Arqueología

628 Jorge Luis Borges:
Evaristo Carriego

629 Los anarquistas
2. La práctica
Selección de I. L. Horowitz

630 Fred Hoyle:
De Stonehenge a la cosmología
contemporánea. Nicolás Copérnico

631 Julio Cortázar:
Los relatos
3. Pasajes

632 Francisco Guerra
Las medicinas marginales

633 Isaak Bábel:
Debes saberlo todo
Relatos 1915-1937

634 Herrlee G. Creel:
El pensamiento chino desde
Confucio hasta Mao-Tse-tung

635 Dino Buzzati:
El desierto de los tártaros

636 Raymond Aron:
La República Imperial. Los Estados
Unidos en el mundo (1945-1972)

637 Blas de Otero:
Poesía con nombres

638 Anthony Giddens:
Política y sociología en Max Weber

639 Jules Verne:
La vuelta al mundo en ochenta días

640 Adolfo Bioy Casares:
El sueño de los héroes

641 Miguel de Unamuno:
Antología poética
Selección e introducción
de José María Valverde

642 Charles Dickens:
Papeles póstumos del Club
Pickwick, 1

643 Charles Dickens:
Papeles póstumos del Club
Pickwick, 2

644 Charles Dickens:
Papeles póstumos del Club
Pickwick, 3

645 Adrian Berry:
Los próximos 10.000 años:
el futuro del hombre en el universo

646 Rubén Darío:
Cuentos fantásticos

647 Vicente Aleixandre:
Antología poética
Estudio previo, selección y notas
de Leopoldo de Luis

648 Karen Horney:
Psicología femenina

649, 650 Juan Benet:
Cuentos completos

651 Ronald Grimsley:
La filosofía de Rousseau

652 Oscar Wilde:
El fantasma de Canterville
y otros cuentos

653 Isaac Asimov:
El electrón es zurdo y otros ensayos
científicos

654 Hermann Hesse:
Obstinación
Escritos autobiográficos

655 Miguel Hernández:
Poemas sociales, de guerra
y de muerte

656 Henri Bergson:
Memoria y vida

657 H. J. Eysenck:
Psicología: hechos y palabrería

658 Leszek Kolakowski:
Husserl y la búsqueda de certeza

659 Dashiell Hammett:
El agente de la Continental

660, 661 David Shub:
Lenin

662 Jorge Luis Borges:
El libro de arena

663 Isaac Asimov:
Cien preguntas básicas
sobre la ciencia

664, 665 Rudyard Kipling:
El libro de las tierras vírgenes

666 Rubén Darío:
Poesía

667 John Holt:
El fracaso de la escuela

668, 669 Charles Darwin:
Autobiografía

670 Gabriel Celaya:
Poesía

671 C. P. Snow:
Las dos culturas y un segundo
enfoque

672 Enrique Ruiz García:
La era de Carter

673 Jack London:
El Silencio Blanco y otros cuentos

674 Isaac Asimov:
Los lagartos terribles

675 Jesús Fernández Santos
Cuentos completos

676 Friedrick A. Hayek:
Camino de servidumbre

677, 678 Hermann Hesse:
Cuentos

679, 680 Mijail Bakunin:
Escritos de filosofía política

681 Frank Donovan:
Historia de la brujería

682 J. A. C. Brown:
Técnicas de persuasión

683 Hermann Hesse:
El juego de los abalorios

684 Paulino Garagorri:
Libertad y desigualdad

685, 686 Stendhal:
La Cartuja de Parma

687 Arthur C. Clarke:
Cuentos de la *Taberna del Ciervo Blanco*.

688 Mary Barnes, Joseph Berke,
Morton Schatzman, Peter Sedwick
y otros:
Laing y la antipsiquiatría
Compilación de R. Boyers y R. Orrill

689 J.-D. Salinger:
El guardián entre el centeno

690 Emilio Prados:
Antología poética
Estudio poético, selección y notas
de José Sanchis-Banús

691 Robert Graves:
Yo, Claudio

692 Robert Graves:
Claudio, el dios, y su esposa
Mesalina

693, 694 Helen Singer Kaplan:
La nueva terapia sexual

695, 696 Hermann Hesse:
Cuentos

697 Manuel Valls Gorina:
Para entender la música

698 James Joyce:
Retrato del artista adolescente

699 Maya Pines:
Los manipuladores del cerebro

700 Mario Vargas Llosa:
Los jefes. Los cachorros

701 Adolfo Sánchez Vázquez:
Ciencia y revolución.
El marxismo de Althusser

702 Dashiell Hammett:
La maldición de los Dain

703 Carlos Castilla del Pino:
Vieja y nueva psiquiatría

704 Carmen Martín Gaite:
Cuentos completos

705 Robert Ardrey:
La evolución del hombre:
la hipótesis del cazador

706 R. L. Stevenson:
El Dr. Jekyll y Mr. Hyde

707 Jean-Jacques Rousseau:
Las ensoñaciones del paseante
solitario

708 Antón Chéjov:
El pabellón n.º 6

709 Erik H. Erikson:
Historia personal y circunstancia
histórica

710 James M. Cain:
El cartero siempre llama dos veces

711 H. J. Eysenck:
Usos y abusos de la pornografía

712 Dámaso Alonso:
Antología poética

713 Werner Sombart:
Lujo y capitalismo

714 Juan García Hortelano:
Cuentos completos

715 , 716 Kenneth Clark:
Civilización

717 Isaac Asimov:
La tragedia de la luna

718 Herman Hesse:
Pequeñas alegrías

719 Werner Heisenberg:
Encuentros y conversaciones
con Einstein y otros ensayos

720 Guy de Maupassant:
Mademoiselle Fifi y otros cuentos
de guerra

721 H. P. Lovecraft:
El caso de Charles Dexter Ward

722 , 723 Jules Verne:
Veinte mil leguas de viaje submarino

724 Rosalía de Castro:
Poesía

725 Miguel de Unamuno:
Paisajes del alma

726 El Cantar de Roldán
Versión de Benjamín Jarnés

727 Hermann Hesse:
Lecturas para minutos, 2

728 H. J. Eysenck:
La rata o el diván

729 Friedrich Hölderlin:
El archipiélago

730 Pierre Fedida:
Diccionario de psicoanálisis

731 Guy de Maupassant:
El Horla y otros cuentos fantásticos

732 Manuel Machado:
Poesías

733 Jack London:
Relatos de los Mares del Sur

734 Henri Lepage:
Mañana, el capitalismo

735 R. L. Stevenson:
El diablo de la botella y otros
cuentos

736 René Descartes:
Discurso del método

737 Mariano José de Larra:
Antología fugaz

738 Jorge Luis Borges:
Literaturas germánicas medievales

739 Gustavo Adolfo Bécquer:
Rimas y otros poemas

740 Julián Marías:
Biografía de la filosofía

741 Guy de Maupassant:
La vendetta y otros cuentos
de horror

742 Luis de Góngora:
Romances

743 George Gamow:
Biografía de la física

744 Gerardo Diego:
Poemas mayores

745 Gustavo Adolfo Bécquer:
Leyendas

746 John Lenihan:
Ingeniería humana

747 Stendhal:
Crónicas italianas

748 Suami Vishnu Devananda:
Meditación y mantras

749   750 Alexandre Dumas:
Los tres mosqueteros

751 Vicente Verdú:
El fútbol: mitos, ritos y símbolos

752 D. H. Lawrence:
El amante de Lady Chatterley

753 La vida de Lazarillo de Tormes
y de sus fortunas y adversidades

754 Julián Marías:
La mujer en el siglo XX

755 Marvin Harris:
Vacas, cerdos, guerras y brujas

756 José Bergamín:
Poesías casi completas

757 D. H. Lawrence:
Mujeres enamoradas

758 José Ortega y Gasset:
El Espectador (Antología)

759 Rafael Alberti:
Antología poética

760 José Luis L. Aranguren:
Catolicismo y protestantismo
como formas de existencia

761 ,   762 Víctor Hugo:
Nuestra Señora de París

763 Jean-Jacques Rousseau:
Contrato social - Discursos

764 Gerardo Diego:
Poemas menores

765 John Ziman:
La fuerza del conocimiento

766 Víctor León:
Diccionario de argot español
y lenguaje popular

767 William Shakespeare:
El rey Lear

768 Isaac Asimov:
Historia Universal Asimov
El Cercano Oriente

769 François Villon:
Poesía

770 Jack London:
Asesinatos. S. L.

771 Antonio Tovar:
Mitología e ideología sobre
la lengua vasca

772 H. P. Lovecraft:
El horror de Dunwich

773 Stendhal:
Armancia

774 Blas de Otero:
Historias fingidas y verdaderas

775 E. M. Cioran:
Adiós a la filosofía y otros textos

776 Garcilaso de la Vega:
Poesías completas

777 Fyodor M. Dostoyevski:
El jugador

778 Martin Gardner:
Carnaval matemático

779 Rudolf Bahro:
La alternativa

780 R. L. Stevenson:
La Isla del Tesoro

781 Guy de Maupassant:
Mi tío Jules y otros seres
marginales

782 Carlos García Gual:
Antología de la poesía lírica griega
(Siglos VII-IV a.C.)

783 Xavier Zubiri:
Cinco lecciones de filosofía

784 Isaac Asimov:
Historia Universal Asimov
La tierra de Canaán

785 Ramón Tamames:
Introducción a la Constitución
española

786 H. P. Lovecraft:
En la cripta

787 David Hume:
Investigación sobre
el conocimiento humano

788,   789 Alexis de Tocqueville:
La democracia en América

790 Rafael Alberti:
Prosas

791,   792 C. Falcón Martínez,
E. Fernández-Galiano,
R. López Melero:
Diccionario de la mitología clásica

793 Rudolf Otto:
Lo santo

794 Isaac Asimov:
Historia Universal Asimov
Los egipcios

795 William Shakespeare:
Macbeth

796 Rainer Maria Rilke:
Cartas a un joven poeta

797 Séneca:
Sobre la felicidad

798 José Hernández:
Martín Fierro

799 Isaac Asimov:
Momentos estelares de la ciencia

800 Blaise Pascal:
Pensamientos

801 Manuel Azaña:
El jardín de los frailes

802 Claudio Rodríguez:
Antología poética

803 Auguste Comte:
Discurso sobre el espíritu positivo

804 Emile Zola:
Los Rougon-Macquart
La fortuna de los Rougon

805 Jorge Luis Borges:
Antología poética
1923-1977

806 Carlos García Gual:
Epicuro

807 H. P. Lovecraft y A. Derleth:
Los que vigilan desde el tiempo
y otros cuentos

808 Virgilio:
Bucólicas - Geórgicas

809 Emilio Salgari:
Los tigres de Mompracem

810 Isaac Asimov:
Historia Universal Asimov
Los griegos

811 Blas de Otero:
Expresión y reunión

812 Guy de Maupassant:
Un día de campo
y otros cuentos galantes

813 Francis Oakley:
Los siglos decisivos
La experiencia medieval

814 Mary W. Shelley:
Frankenstein o el moderno Prometeo

815 Nicolás Guillén:
Sóngoro Cosongo y otros poemas

816 Michel Foucault:
Un diálogo sobre el poder y otras
conversaciones

817 Georges Bataille:
El aleluya y otros textos

818 Nicolás Maquiavelo:
El Príncipe

819 Graham Greene:
Nuestro hombre en La Habana

820, 821 Francisco García Pavón:
Cuentos

822 Isaac Asimov:
Historia Universal Asimov
La república romana

823 Rafael Alberti:
Marinero en tierra

824 Molière:
Tartufo. Don Juan

825 Emile Zola:
Los Rougon-Macquart
La jauría

826 Horacio Quiroga:
Anaconda

827 José Angel Valente:
Noventa y nueve poemas

828 Jean-Paul Sartre:
Las moscas

829 Miguel Angel Asturias:
El Señor Presidente

830 E. H. Carr:
La revolución rusa:
De Lenin a Stalin, 1917-1929

831 León Felipe:
Antología poética

832 Antología de cuentos de terror
I. De Daniel Defoe a Edgar Allan Poe

833 Ignacio Aldecoa:
Parte de una historia

834 Jean-Paul Sartre:
La puta respetuosa
A puerta cerrada

835 José María Arguedas:
Los ríos profundos

836 Angel Alvarez Caballero:
Historia del cante flamenco

837 León Felipe:
Prosas

838 José Eustaquio Rivera:
La vorágine

839 John Ziman:
La credibilidad de la ciencia

840 Jorge Campos:
Introducción a Pío Baroja

841 Albert Camus:
El mito de Sísifo

842 Rafael Alberti:
Cal y canto

843 H. P. Lovecraft:
En las montañas de la locura
y otros relatos

844 Isaac Asimov:
Historia Universal Asimov
El Imperio Romano

845 Lope de Vega:
Peribáñez y Fuente Ovejuna

846 Jean-Paul Sartre:
La náusea

847 Miguel Angel Asturias:
Leyendas de Guatemala

848 James A. Schellenberg:
Los fundadores de la psicología
social

849, 850 Gustave Flaubert:
La educación sentimental

851 Juan Ramón Jiménez:
Platero y yo

852 Fred Hoyle:
¿Energía o extinción?
En defensa de la energía nuclear

853 Jean-Paul Sartre:
El diablo y Dios

854 Horacio Quiroga:
Pasado amor

855 Antonio Machado:
Juan de Mairena

856 Cien recetas magistrales
10 grandes chefs de la cocina
española
Selección y prólogo de
Carlos Delgado

857 Jaime Gil de Biedma:
Antología poética
Selección de Shirley Mangini
González

858 Albert Camus:
Calígula

859 Gerald Durrell:
Encuentros con animales

860 Ross Macdonald:
La mirada del adiós

861 Jorge Amado:
Cacao

862, 863 Pablo Neruda:
Antología poética
Prólogo, selección y notas de
Hernán Loyola

864 Alfredo Bryce Echenique:
Cuentos completos

865 Antología de la poesía latina
Selección y traducción de Luis
Alberto de Cuenca y Antonio Alvar

866 Juan Carlos Onetti:
Juntacadáveres

867 Jean-Paul Sartre:
Las manos sucias

868 Antología de cuentos de terror
II. De Dickens a M. R. James

869 Américo Castro:
Teresa la santa con otros ensayos

870 C. B. Macpherson:
La democracia liberal y su época

871 Eugène Ionesco:
Rinoceronte

872 Juan Rulfo:
El gallo de oro

873 Francisco de Quevedo:
Antología poética
Prólogo y selección de
Jorge Luis Borges

874 Emile Zola:
Los Rougon-Macquart
El vientre de París

875 Rafael Alberti:
Sobre los ángeles (1927-1928)

876 Ciro Alegría:
Los perros hambrientos

877 Guy de Maupassant:
La casa Tellier y otros cuentos
eróticos

878 Rafael Arrillaga Torrens:
Introducción a los problemas
de la Historia

879 José María Guelbenzu:
El pasajero de ultramar

880 Jean-Paul Sartre:
Los secuestrados de Altona

881, 882 Alexis de Tocqueville:
El Antiguo Régimen y la revolución

883 Fedor Dostoiewski:
Noches blancas. El pequeño héroe.
Un episodio vergonzoso

884 Albert Camus:
El malentendido

885 Leopoldo Lugones:
Antología poética

886 Isaac Asimov:
Historia Universal Asimov
Constantinopla

887 Ricardo Güiraldes:
Don Segundo Sombra

888 Juan Valera:
Juanita la Larga

889 José Ferrater Mora:
Cuatro visiones de la historia
universal

890 Patricia Highsmith:
Ese dulce mal

891 H. P. Lovecraft:
Dagón y otros cuentos macabros

892 Jean Paul Sartre:
Nekrasov

893 Jean Itard:
Victor L'Aveyron

894 Isaac Asimov:
Historia Universal Asimov
La Alta Edad Media

895 Otto R. Frisch:
De la fisión del átomo a la bomba
de hidrógeno

896 Emile Zola:
Los Rougon Macquart
La conquista de Plassans

897 Albert Camus:
Los justos

898 Doce relatos de mujeres
Prólogo y compilación
de Ymelda Navajo

899 Mario Benedetti:
Cuentos

900 Fernando Savater:
Panfleto contra el Todo

901 Ciro Alegría:
La serpiente de oro

902 W. H. Thorpe:
Breve historia de la etología

903 Horacio Quiroga:
El salvaje

904 Stanley G. Payne:
El fascismo

905 Jean:Paul Sartre:
Las palabras

906 G. A. Bürger:
Las aventuras del Barón
de Münchhausen

907 Isaac Asimov:
Historia Universal Asimov
La formación de Inglaterra

908 Emilio Salgari:
La montaña de luz

909 Gerald Durrell:
Atrápame ese mono

910 Albert Camus:
La caída

911 Leibniz:
Discurso de metafísica

912 San Juan de la Cruz:
Poesía y prosas

913 Manuel Azaña:
Antología
1. Ensayos

914 Antología de cuentos de terror
III. De Machen a Lovecraft
Selección de Rafael Llopis

915 Albert Camus:
Los posesos

916 Alexander Lowen:
La depresión y el cuerpo

917 Charles Baudelaire:
Las flores del mal

918 August Strindberg:
El viaje de Pedro el Afortunado

919 Isaac Asimov:
Historia Universal Asimov
La formación de Francia

920 Angel González:
Antología poética

921 Juan Marichal:
La vocación de Manuel Azaña

922 Jack London:
Siete cuentos de la patrulla
pesquera y otros relatos